Plato

Platons Alcibiades der Zweite

Plato

Platons Alcibiades der Zweite

ISBN/EAN: 9783744703475

Hergestellt in Europa, USA, Kanada, Australien, Japan

Cover: Foto ©ninafisch / pixelio.de

Weitere Bücher finden Sie auf **www.hansebooks.com**

PLATONS ALCIBIADES
DER ZWEITE

herausgegeben

von

JOH. HEINR. JUST. KÖPPEN,
Director des Andreanum zu Hildesheim.

BRAUNSCHWEIG,
im Verlage der Fürstl. Waisenhaus Buchhandlung,
1786.

VORREDE.

Platons Alcibiades der zweite schien mir unter den Dialogen dieses Philosophen vor andern zum Lesen auf Schulen sehr passend zu seyn, besonders für Jünglinge, welche mit dem Verfasser zuerst bekannt gemacht werden sollen. Frei von allen Spitzfindigkeiten der Dialectik ist er ganz im

Geifte der focratifchen Philofophie geſchrieben; enthält Unterfuchungen, welche jedem Jüngling von einiger Erziehung gewifs nicht fremd feyn können, und feine Kürze erleichtert die Ueberficht des Ganzen, welche bei längern Dialogen vielen Jünglingen zu fchwer fallen möchte. Ich darf alſo hoffen, dafs in dieſer Rückficht meine Wahl Niemanden misfallen werde. — Doch möchte einigen ein neuer Abdruck diefes Dialogs unnöthig ſcheinen, da Herr Bibliothekar *Biefter* ihn in feine Sammlung platoniſcher Dialogen aufgenommen hat. Diefs würde würklich der Fall feyn, wenn nicht diefe Sammlung ohne Accente, die wir

doch

doch in profaischen Scriftstellern zu verwerfen, nach meiner Einsicht, nicht befugt sind, gedruckt wäre, und sie für Jünglinge, ja selbst für manche Lehrer, nur einige Hülfsmittel enthielte, welche, wenn ich nach meiner Erfahrung urtheilen darf, bei einer Schulausgabe, ich möchte fast sagen, unentbehrlich, gewiss doch überaus vortheilhaft sind. Also ein neuer mit *einigen* Hülfsmitteln zur Erklärung bereicherter Abdruck, und mehr nicht, sollte meine Arbeit seyn. Zu einer neuen critischen und exegetischen Bearbeitung fehlet es mir an Zeit, Hülfsmitteln und Kräften.

Ich habe mich bemühet den Abdruck so correct als möglich zu machen. Einige Fehler, die im Texte mit oder ohne meine Schuld begangen sind, habe ich am Ende angezeigt. Für diese, und wenn ich meiner Sorgfalt ohngeachtet, sonst gefehlet haben sollte, bitte ich um gütige Nachsicht und Belehrung.

Hildesheim,
den 18ten Februar
1786.

KÖPFEN.

VORERINNERUNGEN.

I.
GRUNDRISS
DES
DIALOGS.

Alcibiades begegnet dem Socrates. Aus dem Kranze, welchen jener trug, sahe der Weise, daſs sein junger Freund jezt opfern und beten wolle, aber zugleich auch aus seiner leichtsinnigen Miene, daſs er die Wichtigkeit dieser Handlung, jezt wenigstens, nicht erkenne; daſs er, ohne untersucht zu haben, was er als sein wahres Glück erflehen müsse, vielleicht vom straf-

baren Ehrgeiz getrieben, die Götter um
Erfüllung feiner ehrfüchtigen Wünfche bitten
werde; er fucht alfo feinen Liebling auf
das Gefährliche und Strafbare feines Fehlers,
der Unbefonnenheit beim Gebet aufmerkfam
zu machen, und ihn zu belehren,
wie man zu den Göttern beten folle, und
was man von ihnen erflehn müffe. Durch
eine feine Wendung (S. die zweite Anmerkung.
S. 36.) bringt er den Alcibiades zu
dem Geftändnifs, dafs er jezt keine ernfthafte
Gedanken habe, auch nicht wiffe,
warum er jezt gerade nachdenkend feyn folle.
— Und doch, antwortet Socrates, follte
dich jezt *der* wichtige Gedanke befchäftigen,
wirft du auch etwa, ohne es zu wiffen,
von den Göttern, ftatt des Glücks,
dein Unglück erflehn. Denn diefen Fehler
begieng z. B. Oedipus. — Alcibiades, der
es für unmöglich hält, dafs ein Menfch diefen
Fehler begehn könne, wendet ein, dafs
das Beifpiel eines *Rafenden* hier nichts beweife.
Ein Menfch von *gefunder Vernunft*
werde ja nie fein Unglück erflehn. Socrates
er-

erweifet nunmehr, dafs fein Beifpiel allerdings richtig gewählt fey, (Cap. 1-4.) und nähert fich in diefem Beweife unvermerkt dem eigentlichen Gegenftande der Unterfuchung. (C. 2.) Wie immer geht er von *der* Erfahrung aus, welche der andere felbft angegeben hat und für wahr hält. Alcibiades hatte nämlich *gefunden Verftand* und *Raferei* einander entgegengefezt. Nun führt Socrates feinen Beweifs fo: Wer nicht gefund ift, der ift krank. Einen dritten, zwifchen beiden in der Mitte liegenden, Zuftand, wo man nicht krank, und nicht gefund wäre, giebt es nicht. Eben fo ift der, welcher nicht verftändig ift, unverftändig. Denn zwei Oppofita können (zu gleicher Zeit) nicht in demfelben Gegenftande feyn. Auch ift nun Unverftand und Raferei einerlei: (denn beides find Oppofita des Verftandes, der Vernunft) folglich können wir *jeden* Unverftändigen auch einen Rafenden nennen; alfo auch alle die vielen unverftändigen Jünglinge und Männer unferer Stadt mit dem Nahmen der *Rafenden* belegen.

gen. Da die leztere Folgerung falſch war, und Alcibiades das nicht bemerkte, macht er ihn darauf aufmerkſam. Wenn, ſagt er, nach deiner Behauptung, ſo viele Raſende in unſer Stadt wären, dann müſste es uns ſehr Uebel gehn, wir würden ja von ihnen geprügelt, geſtoſſen werden, das iſt aber der Fall nicht. (C. 3.) Alcibiades erkennt die Wahrheit dieſes Einwurfs; aber er weiſs noch nicht, wo der Fehler in ſeinem Schluſſe liegt. — Nicht wahr, ſagt Socrates, Podagra, Fieber, Augenweh ſind alle Krankheiten, aber nicht jede Krankheit iſt umgekehrt Augenweh. Sie ſind untereinander in ihren Wirkungen verſchieden, wenn ſie gleich alle Krankheiten ſind; ſo wie der Riemer, der Zimmermann, der Bildhauer, zwar alle Handwerker ſind, aber ſich in ihren Arbeiten, den Wirkungen ihres Fleiſſes, unterſcheiden. Eben ſo giebt es mehrern Arten der Unverſtändigen, Raſenden, Narren, u. ſ. f. Alſo Raſende und Unverſtändige gehören zu einer Gattung, ſind aber doch von verſchiedener Art. Denn

wer

wer (C. 4.) weifs, was er reden und thun mufs, der ift verftändig; wer das aber nicht weifs, unverftändig, und diefer leztere mufs eben daher oft etwas fagen und thun, was er nicht follte. Das ift der Fall bei den Rafenden, das war er beim Oedipus, das ift er bei den vielen Menfchen, welche fich Unglück erflehn, indem fie fich Glück zu erflehn glauben, und alfo thun, was fie nicht follen *). Ja felbft bei dir könnte diefer Fall eintreffen, dafs, wenn der Gott, zu welchen du beten willft, dir die Herrfchaft von Europa anböte, du fie als das

gröfste

*) In den folgenden hätte Socrates diefe Wendung nehmen können. Auch du gehörft zu den Unverftändigen. Denn du wareft im Begriff den Göttern deine ehrfüchtige Wünfche vorzutragen, deren Erfüllung dich doch unglücklich machen würde. Wie fein ift dagegen die Wendung, welche Socrates würklich nahm. Er zieht diefe kränkende Parallele zwifchen dem Alcibiades und den Unverftändigen nicht. Er fagt auch nicht, dafs er glaube, dafs Alcibiades fo etwas bitten *könne*, oder gar es eben habe bitten *wollen*, fondern nur, dafs er vielleicht fo fchwach gewefen wäre, ohne Unterfuchung, ob es ihn glücklich machen werde, es freudig anzunehmen.

gröſste Glück freudig annehmeſt. (C. 5.) Und doch hat der Wunſch nach Herrſchaft und der Beſitz derſelben ſchon manchen unglücklich gemacht. Das iſt auch der Fall bei andern Dingen, welche den Menſchen ſo wünſchenswerth ſcheinen; die ſie daher auch ſo freudig annehmen, ja darum bitten, wenn ſie ihnen noch fehlen. So werden die Menſchen Schöpfer ihres Unglücks. Vernünftig alſo iſt es die Götter zu bitten, daſs ſie uns geben wollen, was ſie ſelbſt als uns gut erkennen. *)

Nun (C. 6.) erkannte Alcibiades das Gefährliche ſeines Fehlers der Unbeſonnenheit und des Unverſtandes beim Gebete,

und

*) Socrates hat nun die Anführung des Beiſpiels vom Oedipus gerechtfertigt. Oedipus erflehte Elend. Denn er glaubte glücklich zu ſeyn, wenn er ſich durch die Gewährung dieſer Bitte an ſeinen Kinder gerächt ſähe. Er that alſo, was er nicht ſollte, und iſt alſo ein *Unverſtändiger* Menſch, nur von der gröſsten Art, ein *Raſender*. Jeder der unbeſonnen ſich in dem vermeinten Glücke ſein Unglück erfleht, wie Alcibiades gethan hätte, iſt auch ein Unverſtändiger, und für ihn iſt alſo Oedipus Beiſpiel allerdings, wie für den Alcibiades, lehrreich.

und davon lebhaft gerührt ruft der feurige Jüngling aus : Welch ein Unglück ist doch die *Unwissenheit* für den Menschen! Durch diese wird er, ohne es zu wissen, elend, ja erfleht sich so gar sein Unglück. In dieser Idee liegt etwas Falsches. Denn dafs die Menschen von den Göttern zuweilen Unglück erbitten, dazu verleitet sie die Unwissenheit dessen, was sie würklich glücklich machen kann, nicht so wohl, als vielmehr der *stolze Wahn*, dafs sie *dies* allerdings wüfsten. Socrates berichtigt daher die Ideen seines Zöglings. So gerade zu und so allgemein darf man die Unwissenheit nicht tadeln, sie kann vielmehr für gewisse Leute, in gewissen Lagen, ein Glück seyn. Siehe nur. Ich will nicht sagen, dafs du fähig wärest, wie Orest, Alcmaeon und andere deine Mutter ermorden zu wollen. Aber — Alcibiades, der seine Mutter so zärtlich liebte, fährt bei dem Gedanken zusammen. Socrates bricht also ab. Gut, wenn dir schon die Erwähnung eines solchen Vergehns so schreckhaft ist, so wirst du mir zugeben,

geben, dafs Oreſt dieſes Verbrechen nicht begangen hätte, wenn er nicht das, was für ihn zu thun das beſte war, verkannt hätte *). Geſezt nun, (C. 7.) dafs du von einem ähnlichen Wahn verführt, das Böſe für das Gute hielteſt, und beſchlöſſeſt den Pericles zu ermorden; in ſein Haus ellteſt, ihn fändeſt, aber plötzlich nicht wüſsteſt, ob er's ſey, ſo würdeſt du ihn gewifs nicht ermorden. Denn du wollteſt ja nicht jeden andern, ſondern den Pericles tödten **). So kann die Unwiſſenheit in manchen Fällen Gutes ſchaffen. Dagegen kann

(C. 8.)

*) Oreſt, dies will Socrates andeuten, kannte das Schreckliche eines Muttermordes wohl; auch die Folgen, welche die Vollziehung deſſelben für ihn haben könnte. Aber der *Wahn*; für einen Sohn ſey es das *gröſste* Glück, ſich rühmen zu können, ſeinen Vater gerächt zu haben, rifs ihn zu der That fort.

**) Die vom Socrates bei dieſem Beiſpielen getroffne Wahl wird uns misfallen. Aber im ſocratiſchen Dialog, in welchen der ſchlichte Menſchenverſtand überzeugt, und deſſen Oppoſitum, der feinſte und geübteſte Sophiſt und Widerſprecher, zum Stillſchweigen gebracht werden ſoll, können ſolche ſimple Beiſpiele allerdings auf das vortheilhafteſte gebraucht werden.

(C. 8.) was dir anfangs paradox klingen wird, *jedes Wiſſen*, wenn man damit nicht das Erkenntniſs deſſen, (was in jedem Falle) das beſte iſt, verbindet, uns *unglücklich* machen; ſo daſs es für den groſſen Haufen gut iſt, *wenn ſie nichts wiſſen*, und *auch nicht glauben;* daſs ſie etwas wüſsten (C. 8-10.) Der Beweiſs. Niemand unternimmt es, etwas zu thun oder zu reden, der dieſs nicht entweder würklich weiſs, oder doch zu wiſſen glaubet. Das iſt der Fall bei unſern Rednern. Doch wirſt du *den* nur einen *verſtändigen* Redner nennen, der uns rathen kann, *was* das beſſere oder nützlichere, (denn dieſs iſt eins) und *wenn* es dieſs ſey. (C. 9.) Man kann aber in einer Sache vieles wiſſen, ohne daſs man dabei ein ſolcher verſtändiger Mann iſt. Ein Staat alſo, den Leute regieren, welche zwar in irgend einer Kunſt vieles wiſſen, z. B. in der Reitkunſt u. ſ. f. ohne doch damit jenes Wiſſen des Nützlichen zu verbinden, wird nichts taugen. Denn jeder von ihnen wird die Staatsgeſchäfte dahin leiten, wo er glaubt

alle

alle andere und fich felbft übertreffen zu können, in dem aber, was *ihm* und dem *Staate* das Befte ift, blos nach Einbildungen handeln, und alfo oft fehlen. Diefs beftätigen die vorhin geäufferten Behauptungen. Nun aber haft du mir oben felbft zu gegeben, dafs der gröfste Theil (οἱ πολλοὶ) unverftändig und nur wenige verftändig find; du fiehft, dafs diefe Vielen, weil es ihnen an dem Wiffen des Nützlichen fehlet, und fie nach Einbildungen handeln, das Nützliche oft verfehlen; dafs es ihnen alfo beffer wäre, fie wüfsten nichts, bildeten fich auch nicht ein, dafs fie etwas wüfsten. Denn diefe Einbildung macht es gerade, wie oben gefagt ift, dafs fie immer etwas thun wollen, und wenn fie es denn thun, unglücklich find. (C. 10.) Du fiehft nun, dafs meine Behauptung: *Wiffen*, (ἐπιστήμα) wenn es nicht mit dem Wiffen des Nützlichften verbunden ift, wird in den meiften Fällen fchädlich wahr fey; Der Staat alfo und der Menfch, welcher glücklich leben will, mufs nach diefem Wiffen ftreben; der aber,

wel=

welcher vieles weifs und doch jenes nicht, wird um defto unglücklicher werden. Paſſend ſagt alſo Homer: πολλα μεν ηπιϛατο εργα, κακως δ' ηπιϛατο παντα: er wuſste viele Dinge; aber ſ-in Wiſſen war für ihn ein Uebel. Socrates rechtfertigt darauf ſeine Erklärung dieſes Verſes. 'S. 24. (vergl. die erklär. Anmerk. zu dieſer Stelle S. 47.) (C. 11.) und kommt nun auf die Hauptunterſuchung: wie man beten folle; die er vorhin (S. 14.) nur kurz berührt hatte. Wohlan, — denn ich ſehe du ſchwankeſt noch (zwiſchen Irthum und Wahrheit) — ſag, wenn dir die Gottheit jener Wünſche (S. 10.) Erfüllung anböte, was würdeſt du wählen? Alcibiades geſteht, daſs er es nicht wage etwas zu wählen, weil die Wahl zu gefährlich ſey. So müſſen wir dann, lehret Socrates, beten wie jener Dichter, (S. 14.) oder wie die Lacedaemonier: *daſs uns Gott, was uns Gut und Nützlich* iſt, geben wolle; (C. 12.) (Wie angenehm dieſs Gebet den Göttern ſey, beweiſet die Erklärung des Jupiters Ammon.)
* *

müſ-

müſſen nicht, wie die übrigen Griechen, den Göttern koſtbare Opfer bringen, und dann bitten, was einem einfält, es möge Gut oder Schädlich ſeyn. (C. 13.) Wie wenig die Götter Opfer achten, kann man aus dem Homer lernen. Ja die Götter achten keine Geſchenke. Wer Menſchenliebe übt (δικαιος εςι) und dabei verſtändig iſt, der iſt ihnen lieb und werth, und beides können die nur ſeyn, welche wiſſen, wie ſie gegen Gott, und die Menſchen ſich betragen müſſen. — Da du hierwieder nichts einwenden kanſt; ſelbſt vorhin geſtandeſt, du wiſſeſt nicht, was du bitten ſolleſt, und wohl zu ſtolz biſt, um das Gebet der Lacedaemonier nachzubeten, ſo ſchiebſt du beſſer dein Gebet bis dahin auf, daſs du zu beten verſtehſt. (C. 14.) Alcibiades fragt, wenn dieſe Zeit kommen und wer ſein Lehrer ſeyn werde. Da er hört, daſs Socrates es ſeyn wolle, verſpricht er die willigſte Folgſamkeit, und beſchenkt ihn mit der Krone, welche dem Gott beſtimmt war. Der Weiſe verſichert er nehme ſie mit Vergnügnügen an, da fie ihn den Sieg über alle Liebhaber des Alcibiades vorzubedeuten fcheine. --

II.

OB IN DIESEM DIALOG HISTORISCHE WAHRHEIT ZUM GRUNDE LIEGE?

Da in mehreren Dialogen des Platon ein würklicher Vorfall aus dem Leben feines Lehrers zum Grunde liegt, und wie bekannt ift, Alcibiades den Unterricht des Socrates in feiner Jugend nutzte, (f. Xenoph. Memorab. Socr. 1. 2. 12. und 16.) fo wäre es gar wohl möglich, dafs fie einft über diefen Gegenftand, und bei einer folchen Veranlaffung, eine Unterredung mit einander gehabt hätten. Dann müfste aber Platon auf das Lob der Erfindung Verzicht thun; dem Socrates gehörte dann die Grundlage des Gefprächs, und Platon hätte nur jene erften Gedanken weiter ausgeführet und nach feinem Ideengange geftellt.

Allein da wir von einer folchen würklichen Unterredung keine Spur finden, fo könnten wir, dächte ich, indefs ganz wohl annehmen, dafs jener Fall nicht war, und alfo alles dem reichen erfinderifchen Genie des Platon gehöre.

Um alfo der allgemeinen Wahrheit: viele Menfchen beten, vom falfchen Wahn, dafs fie wohl wüfsten, was fie glücklich machen könne, verführt, *unbefonnen* zu Gott *beftimmt*, um diefes oder jenes Gut, Körper-Stärke, Reichthum, u. d. gl. und erflehn fich fo nicht felten ihr Unglück; da fie doch beffer, *unbeftimmt* die Gottheit bitten follten, ihnen das Gute zu geben, was diefe für ihr wahres Glück halte, und das Böfe von ihnen zu entfernen, bis dahin nämlich, dafs fie es gewifs wüfsten, was ihnen würklich gut fey, und fie beftimmt zu bitten berechtigt wären: — um, fage ich, diefer Wahrheit Lebhaftigkeit und Intereffe zu geben, führt er fie auf einen befondern Fall zurück und trägt fie in einer

einer Unterredung zwifchen dem Socrates und Alcibiades vor. Denn ftatt der todten Demonftration ift hier nun lebendige Handlung, und der ernfthafte Styl des Philofophen wurde mit dem muntern und blühenden Vortrage des philofophifchen Dichters vertaufcht. Die Würkung diefer Dichtung kann bei uns nicht fo ftark feyn, als fie es bei den Zeitgenoffen des Platon feyn mufste, die beide den Socrates und Alcibiades gekannt hatten.

Die Wahl der Unterredner felbft ift fchicklich, und mithin fchön. Socrates war freilich immer die Hauptperfon in feinen Dialogen, mufste es folglich auch in diefem feyn. Der Gegenftand felbft aber, da er einen fo ausgebreiteten und allgemein fchädlichen Fehler betrift, war allerdings feines Eifers würdig.

Die Manier der focratifchen Dialogen erforderte es einmal, dafs hier ein Jüngling vorgeführt werden mufste, welcher jenes

Fehlers sich schuldig gemacht hatte, und durch Socrates Belehrung überzeugt und gewonnen wurde; und dazu wählte Platon sehr glücklich den Alcibiades. Diesen stürzte der Ungestüm seines Temperaments und sein Leichtsinn leicht in Fehler aller Art; aber er hatte einen so hellen Blick, dafs er seinen Fehler so bald man ihn aufmerksam machte, leicht einsahe; Edelmuth genug, ihn freimüthig zu bekennen; so viel Liebe für das Schöne und Gute, und so viel Seelenkraft, dafs er, ehe noch unselige Verführer ihn ganz verdarben, schnell und leicht zur entgegengesezten Tugend übergehn könnte.

Die Schönheit der Ausführung des Plans, welche in dem hohen Grade der Anschaulichkeit liegt, die der Verfasser seiner Wahrheit zu geben wufste; das Schöne in der Feinheit und Schonung mit der Socrates dem Alcibiades seinen Fehler und die Quellen desselben; Mangel an Erkentnifs des wahren Guten, Leichtsinn und

und Ehrfucht, aufdeckt, verdienen die genauere Betrachtung des Lefers.

III.
Wenn wurde dieser Dialog gehalten?

Da Platon öfters auf die Sitten feiner Zeit, Perfonen oder Vorfälle anfpielt, fo ift es vortheilhaft die Zeit, in welcher ein Dialog würklich oder nach feiner Fiction gehalten wurde, und wenn er ihn gefchrieben habe, zu wiffen.

Dafs der Verfaffer diefen Dialog wenigftens nach Olymp. XCV. 1., alfo nach dem Tode des Socrates, gefchrieben habe, ift aus der Erwähnung vom Tode des Archelaus, Königs von Macedonien, der in diefes Jahr fällt, wohl unleugbar. Vergl. die erklärenden Anmerkungen S. 44.

Nach Platons Fiction aber ift die Unterredung ungleich früher gehalten. Alcibiades Geburtsjahr wiffen wir nicht. Aber errathen

rathen können wir es. — Da Alcibiades feinem Character nach gewifs fo früh, als er nur durfte, fich in öffentliche Staatsgefchäfte gemifcht haben wird; diefs aber Niemanden vor XXX Jahren erlaubt war; (Xenoph. Memor. Socr. I. 2. 35.) und Thucydides, wenn er feiner zuerft erwähnet (Olymp. LXXXIX. 4. S. Thucyd. V. 43.) ihn nennet ανδρα ηλικια ετι τοτε νεον; fo ift es glaublich, dafs er damahls etwa XXX Jahre alt war. Damit ftimmt überein, dafs 28 Jahr vorher fein Vater *Clinias* in der Schlacht bei Coronea blieb, Ol. LXXXIII. 2., und da mufs Alcibiades noch fehr jung gewefen feyn, weil er den Pericles zum Vormund erhielt. (S. Plato S. 16.) Alfo wäre Alcibiades um Ol. LXXXVII. etwa 20 Jahr alt gewefen. Mithin könnte man diefe Unterredung in diefe Olympias fetzen.

ALCIBIADES
DER ZWEITE.

ALCIBIADES DER ZWEITE.

SOCRATES. ALCIBIADES.

ΣΩΚΡΑΤΗΣ. Ὦ Ἀλκιβιάδη, ἀρά γε πρὸς τὸν θεὸν προσευξόμενος πορεύει;
ΑΛΚΙΒΙΑΔΗΣ. Πάνυ μὲν ἦν, ὦ Σώκρατες.
ΣΩ. Φαίνει γέ τι ἐσκυθρωπακέναι τε καὶ εἰς γῆν βλέπειν, ὥς τις συννοούμενος.
ΑΛ. Καὶ τί ἄν τις συννοοῖτο, ὦ Σώκρατες;
ΣΩ. Τὴν μεγίστην, ὦ Ἀλκιβιάδη, σύννοιαν, ὥς γέ μοι δοκεῖ. ἐπεὶ, φέρε πρὸς Διός, οὐκ οἴει τοὺς θεοὺς, ἃ τυγχάνομεν εὐχόμενοι καὶ ἰδίᾳ καὶ δημοσίᾳ, ἐνίοτε τούτων τὰ μὲν διδόναι, τὰ δ' οὔ; καὶ ἔστιν οἷς μὲν αὐτῶν, ἔστι δὲ οἷς οὔ;

ΑΛ. Πάνυ μὲν οὖν.

ΣΩ. Οὐκοῦν δοκεῖ σοι πολλῆς προμηθείας γε προσδεῖσθαι, ὅπως μὴ λήσεται τὶς αὐτὸν εὐχόμενος μὲν μεγάλα κακὰ, δοκῶν δ᾽ ἀγαθά; οἱ δὲ θεοὶ τύχωσιν ἐν ταύτῃ ὄντες τῇ ἕξει, ἐν ᾗ διδέασιν αὐτοὶ, ἅ τις εὐχόμενος τυγχάνει; ὥσπερ τὸν Οἰδίπυν αὐτίκα φασὶν εὔξασθαι, χαλκῷ διελέσθαι τοὺς υἱεῖς τὰ πατρῷα. ἐξὸν οὖν αὐτῷ τῶν παρόντων κακῶν ἀποτροπήν τινα εὔξασθαι, ἕτερα πρὸς τοῖς ὑπάρχυσι κατηρᾶτο. τοιγαροῦν ταῦτά τε ἐξετελέσθη, καὶ ἐκ τούτων ἄλλα πολλὰ καὶ δεινά· ἅ τί δεῖ καθ᾽ ἕκαστα λέγειν;

ΑΛ. Ἀλλὰ σὺ μὲν, ὦ Σώκρατες, μαινόμενον ἄνθρωπον εἴρηκας. ἐπεὶ τίς ἄν σοι δοκῇ τολμῆσαι ὑγιαίνων τοιαῦτ᾽ εὔξασθαι;

ΣΩ. Τὸ μαίνεσθαι ἆρά γε ὑπεναντίον σοι δοκεῖ τῷ σωφρονεῖν;

ΑΛ. Πάνυ μὲν οὖν.

ΣΩ. Ἄφρονες δὲ καὶ φρόνιμοι δοκοῦσιν ἄνθρωποι εἶναί τινές σοι;

ΑΛ. Εἶναι μέντοι.

ΣΩ. Φέρε δὴ, ἐπισκεψώμεθα, τίνες ποτ᾽ εἰσὶν οὗτοι. ὅτι μὲν γὰρ εἰσί τινες, ὡμολόγηται,

ται, ἄφρενές τε καὶ φρόνιμοι, καὶ μαινόμενοι ἕτεροι.

ΑΛ. Ὡμολόγηται γάρ.

ΣΩ. Ἔτι δὲ ὑγιαίνοντες εἰσί τινές;

ΑΛ. Εἰσίν.

ΣΩ. Οὐκοῦν καὶ ἀσθενοῦντες ἕτεροι;

ΑΛ. Πάνυ γε.

ΣΩ. Οὔκουν οὐχ οἱ αὐτοί.

ΑΛ. Οὐ γάρ.

ΣΩ. Ἆρ' οὖν καὶ ἕτεροί τινες εἰσὶν, οἳ μηδ' ἕτερα τούτων πεπόνθασιν;

ΑΛ. Οὐ δῆτα.

ΣΩ. Ἀνάγκη γάρ ἐστιν ἄνθρωπον ὄντα νοσεῖν ἢ μὴ νοσεῖν.

ΑΛ. Ἔμοιγε δοκεῖ.

ΣΩ. Τί δέ; περὶ φρονήσεως καὶ ἀφροσύνης ἆρά γε τὴν αὐτὴν ἔχεις γνώμην;

ΑΛ. Πῶς λέγεις;

ΣΩ. Δοκεῖ σοι οἷόν τε, εἶναι ἢ φρόνιμον, ἢ ἄφρονα; ἢ ἔστι τι διὰ μέσου τρίτον πάθος, ὃ ἐποίει τὸν ἄνθρωπον μήτε φρόνιμον μήτε ἄφρονα;

ΑΛ. Οὐ δῆτα.

ΣΩ. Ἀνάγκη ἄρα ἐστὶ τὸ ἕτερον τούτων πεπον-θέναι.

ΑΛ. Ἔμοιγε δοκεῖ.

ΣΩ. Οὐκοῦν μέμνησαι ὁμολογήσας ὑπεναντίον εἶναι μανίαν φρονήσει;

ΑΛ. Ἔγωγε.

ΣΩ. Οὐκοῦν καὶ μηδὲν εἶναι διὰ μέσου τρίτον πάθος, ὃ ποιεῖ τὸν ἄνθρωπον μήτε φρόνιμον μήτε ἄφρονα εἶναι;

ΑΛ. Ὡμολογήσα γάρ.

ΣΩ. Καὶ μὴν δύο γε ὑπεναντία ἑνὶ πράγματι πῶς ἂν εἴη;

ΑΛ. Οὐδαμῶς.

ΣΩ. Ἀφροσύνη ἄρα καὶ μανία κινδυνεύει ταυτὸν εἶναι.

ΑΛ. Φαίνεται.

ΣΩ. Πάντας οὖν ἂν φάντες, ὦ Ἀλκιβιάδη, τοὺς ἄφρονας μαίνεσθαι, ὀρθῶς ἂν φαίημεν.

ΑΛ. Ναί.

ΣΩ. Αὐτίκα, τῶν σῶν ἡλικιωτῶν εἴτινες τυγχάνουσιν ἄφρονες ὄντες, ὥσπερ εἰσὶ, καὶ τῶν ἔτι πρεσβυτέρων. ἐπεὶ, φέρε πρὸς Διὸς, οὐκ οἴει τῶν ἐν τῇ πόλει ὀλίγους μὲν εἶναι τοὺς φρονίμους, ἄφρονας δὲ τοὺς πολλούς; οὓς δὴ σὺ μαινομένους καλεῖς;

ΑΛ. Ἔγωγε.

ΣΩ.

ΣΩ. Οἴει ἄν οὖν χαίροντας ἡμᾶς εἶναι μετὰ τοσούτων μαινομένων πολιτευομένες; καὶ οὐκ ἄν παιομένες, καὶ βαλλομένες, καὶ ἅπερ εἰώθασιν οἱ μαινόμενοι διαπράτ]εσθαι, πάλαι δίκην δεδωκέναι; ἀλλ' ὅρα, ὦ μακάριε, μὴ οὐχ οὕτω ταῦτ' ἔχει.

ΑΛ. Πῶς· ἄν οὖν ποτ' ἔχοι, ὦ Σώκρατες; κινδυνεύει γὰρ οὐχ οὕτως ἔχειν ὥσπερ ᾠήθην.

ΣΩ. Οὐδ' ἐμοὶ δοκεῖ. ἀλλὰ τῇδέ πη ἀθρητέον

ΑΛ. Πῇ ποτε λέγεις;

ΣΩ. Ἐγὼ δή σοι γε ἐρῶ. ὑπολαμβάνομέν γε τινὰς εἶναι νοσοῦντας· ἤ οὔ;

ΑΛ. Πάνυ μὲν οὖν.

ΣΩ. Ἆρ' οὖν δοκεῖ σοι ἀναγκαῖον εἶναι τὸν νοσοῦντα ποδαγρᾶν, ἢ πυρέττειν, ἢ ὀφθαλμιᾶν; ἢ οὐκ ἄν δοκῇ σοι, καὶ μηδὲν τύτων πεπονθὼς, ἑτέραν νοσεῖν νόσον; πολλαὶ γὰρ δή που γε εἰσὶ, καὶ οὐχ αὗται μόναι.

ΑΛ. Ἔμοιγε δοκοῦσιν.

ΣΩ. Ὀφθαλμία οὖν σοι δοκεῖ πᾶσα νόσος εἶναι;

ΑΛ. Ναί.

ΣΩ. Ἆρ' οὖν καὶ πᾶσα νόσος, ὀφθαλμία;

ΑΛ. Οὐ δῆτα ἔμοιγε· ἀπορῶ μέντοιγε πῶς λέγω.

ΣΩ.

ΣΩ. Ἀλλ' ἐὰν ἔμοιγε προσέχῃς τὸν νοῦν, σύν τε δύο σκεπτομένω, σχεδὸν εὑρήσομεν.

ΑΛ. Ἀλλὰ προσέχω, ὦ Σώκρατες, εἰς δύναμιν τὴν ἐμήν.

ΣΩ. Οὐκοῦν ὡμολογήθη ἡμῖν ὀφθαλμία μὲν πᾶσα, νόσος εἶναι· νόσος μέντοι οὐκ εἶναι πᾶσα, ὀφθαλμία;

ΑΛ. Ὡμολογήθη.

ΣΩ. Καὶ ὀρθῶς γε μοὶ δοκεῖ ὁμολογηθῆναι. καὶ γὰρ οἱ πυρέττοντες πάντες νοσοῦσιν· οὐ μέντοι οἱ νοσοῦντες πάντες πυρέττουσιν, οὐδὲ ποδαγριῶσιν, οὐδέ γε ὀφθαλμιῶσιν, οἶμαι· ἀλλὰ νόσος μὲν πᾶν τὸ τοιοῦτόν ἐστι, διαφέρειν δὲ φασιν, οὕς δὴ καλοῦμεν ἰατρούς, τὴν ἀπεργασίαν αὐτῶν. οὐ γὰρ πᾶσαι, οὔτε ὅμοιαι, οὔτε ὁμοίως διαπράττονται, ἀλλὰ κατὰ τὴν αὐτῆς δύναμιν ἑκάστη· νόσοι μέντοι πᾶσαί εἰσιν. ὥσπερ δημιουργούς τινας ὑπολαμβάνομεν. ἤ οὔ;

ΑΛ. Πάνυ μὲν οὖν.

ΣΩ. Οὐκοῦν τοὺς σκυτοτόμους, καὶ τέκτονας, καὶ ἀνδριαντοποιούς, καὶ ἑτέρους παμπλήθεις, οὕς τί δεῖ καθ' ἕκαστα λέγειν; ἔχουσι δ' οὖν διειληφότες δημιουργίας μέρη, καὶ πάντες οὗτοι εἰσὶ δημιουργοί· οὐ μέντοι εἰσὶ τέκτονές γε, οὐδὲ δὲ σκυτοτόμοι, οὐδὲ ἀνδριαντοποιοί· οἱ σύμπαντες εἰσὶ δημιυργοί.

ΑΛ. Οὐ δῆτα.

ΣΩ. Οὕτω μὲν οὖν καὶ τὴν ἀφροσύνην διειληφότες εἰσί. καὶ τὰς μὲν πλεῖςον μέρος αὐτῆς ἔχοντας, μαινομένας καλοῦμεν· τὰς δ᾽ ὀλίγον ἔλαττον, ἠλιθίας τε καὶ ἐμβροντήτας. οἱ δὲ ἐν εὐφημοτάτοις ὀνόμασι βουλόμενοι κατονομάζειν, οἱ μὲν, μεγαλοψύχας, οἱ δὲ, εὐήθεις· ἕτεροι δὲ ἀκάκας, καὶ ἀπείρας, καὶ ἐννεάς. εὑρήσεις δὲ καὶ ἕτερα πολλὰ ἀναζητῶν ὀνόματα. πάντα δὲ ταῦτα ἀφροσύνη ἐςί· διαφέρει δὲ, ὥσπερ τέχνη τέχνης ἡμῖν κατεφαίνετο, καὶ νόσος νόσου. ἢ πῶς σοι δοκεῖ;

ΑΛ. Ἐμοὶ μὲν οὕτω.

ΣΩ. Οὐκοῦν ἀπ᾽ ἐκείνου πάλιν ἐπανέλθωμεν. 4 ἦν γὰρ δή πυ ἐν ἀρχῇ τοῦ λόγου, σκεπτέον εἶναι τοὺς ἄφρονάς τε καὶ φρονίμους, τίνες ποτ᾽ εἰσίν, ὡμολόγητο γὰρ εἶναί τινας· ἢ γὰρ οὔ;

ΑΛ. Ναὶ ὡμολόγηται.

ΣΩ. Ἆρ᾽ οὖν τούτους φρονίμους ὑπολαμβάνεις, οἳ ἂν εἰδῶσιν ἄττα δὴ πράττειν καὶ λέγειν;

ΑΛ. Ἔγωγε.

ΣΩ. Ἄφρονας δὲ ποτέρυς; ἆρά γε τὺς μηδ' ἕτερα τούτων εἰδότας;

ΑΛ. Τούτυς.

ΣΩ. Οὐκοῦν οἵγε μὴ εἰδότες μηδ' ἕτερα τούτων, λήσκσιν αὑτοὺς καὶ λέγοντες καὶ πράττοντες ἅτ]α μὴ δεῖ;

ΑΛ. Φαίνεται.

ΣΩ. Τούτων μέντοι ἔλεγον, ὦ Ἀλκιβιάδη, καὶ τὸν Οἰδίπυν εἶναι τῶν ἀνθρώπων· εὑρήσεις δὲ καὶ τῶν νῦν ἔτι πολλὺς, οὐκ ὀργῇ κεχρημένυς, ὥσπερ ἐκεῖνον, οὐδ' οἰομένυς κακὰ σφίσιν εὔχεσθαι, ἀλλ' ἀγαθά. ἐκεῖνος μὲν, ὥσπερ οὐδ' ηὔχετο, οὐδ' ᾤετο· ἕτεροι δέ τινες εἰσὶν, οἱ τἀναντία τούτων πεπόνθασιν. ἐγὼ μὲν γὰρ οἶμαι σε, εἴ σοι ἐμφανὴς γενόμενος ὁ θεὸς, πρὸς ὃν τυγχάνεις πορευόμενος, ἐρωτήσειε, πρὶν ὁτιῦν εὔξασθαί σε· Εἰ ἐξαρκέσει σοι τύραννον γενέσθαι τῆς Ἀθηναίων πόλεως· εἰ δὲ τοῦτο φαῦλον ἡγήσαιο, καὶ μὴ μέγα τι, προσθείη, καὶ πάντων τῶν Ἑλλήνων· εἰ δέ σε ὁρῴη ἔτι ἔλατ]ον δοκοῦντα ἔχειν, εἰ μὴ καὶ πάσης Εὐρώπης ὑποςαίη σοι, καὶ τοῦτο μὴ μόνον ὑποςαίη, αὐθημερὸν σοῦ βουλομένυ ὡς πάντας αἰσθέσθαι, ὅτι Ἀλκιβιάδης ὁ Κλεινίυ τύραννός ἐςιν. αὐτὸν οἶμαι

ἂν

ἄν σε ἀπιέναι περιχαρῆ γενόμενον, ὡς τῶν μεγίστων ἀγαθῶν κεκυρηκότα.

ΑΛ. Ἐγὼ μὲν οἶμαι, ὦ Σώκρατες, κἂν ἄλλον ὁντινοῦν, εἴπερ τοιαῦτα συμβαίη αὐτῷ.

ΣΩ. Ἀλλὰ μέντοι ἀντί γε τῆς σῆς ψυχῆς, οὐδ᾽ ἂν τὴν πάντων Ἑλλήνων καὶ βαρβάρων χώραν τε καὶ τυραννίδα βουληθείης σοὶ γενέσθαι.

ΑΛ. Οὐκ οἴομαι ἔγωγε. πῶς γὰρ ἄν; μηδὲν γέ τι μέλλων αὐτοῖς χρῆσθαι.

ΣΩ. Τί δ᾽ εἰ μέλλεις κακῶς τε καὶ βλαβερῶς χρῆσθαι; οὐδ᾽ ἂν ὅτως;

ΑΛ. Οὐ δῆτα.

ΣΩ. Ὁρᾷς οὖν ὡς οὐκ ἀσφαλὲς οὔτε τὰ διδόμενα εἰκῇ δέχεσθαι, οὔτε αὐτὸν εὔχεσθαι γενέσθαι· εἴ γέ τις βλάπτεσθαι μέλλει διὰ ταῦτα, ἢ τοπαράπαν τοῦ βίου ἀπαλλαγῆναι. πολλοὺς δ᾽ ἂν ἔχοιμεν εἰπεῖν, ὅσοι τυραννίδος ἐπιθυμήσαντες ἤδη, καὶ σπουδάσαντες τοῦτ᾽ αὐτοῖς παραγενέσθαι, ὡς ἀγαθόν τι πράξοντες, διὰ τὴν τυραννίδα ἐπιβουλευθέντες τὸν βίον ἀφῃρέθησαν. οἶμαι δέ σε οὐκ ἀνήκοον εἶναι ἔνιά γε χθιζά τε καὶ πρωϊζὰ γεγενημένα· ὅτε Ἀρχέλαον τὸν Μακεδόνων τύραννον τὰ παιδικά, ἐρασθέντα τῆς τυραννίδος, οὐδὲν ἧττον ἤπερ ἐκεῖνος

τῶν

τῶν παιδικῶν, ἀπέκτεινε τὸν ἐραςὴν, ὡς τύ-
ραννός τε καὶ εὐδαίμων ἀνὴρ ἐσόμενος. κατασ-
χὼν δὲ τρεῖς ἢ τέτταρας ἡμέρας τὴν τυραννίδα,
πάλιν αὐτὸς ἐπιβουλευθεὶς ὑφ' ἑτέρων τινῶν
ἐτελεύτησεν. ὁρᾶς δὴ καὶ τῶν ἡμετέρων πολιτῶν
(ταῦτα γὰρ οὐκ ἄλλων ἀκηκόαμεν, ἀλλ' αὐ-
τοὶ παρόντες οἴδαμεν) ὅσοι ςρατηγίας ἐπιθυμή-
σαντες ἤδη, καὶ τυχόντες αὐτῆς, οἱ μὲν, ἔτι καὶ
νῦν φυγάδες τῆσδε τῆς πόλεως εἰσὶν, οἱ δὲ τὸν
βίον ἐτελεύτησαν· οἱ δὲ ἄριςα δοκοῦντες αὐ-
τῶν πράττειν, διὰ πολλῶν κινδύνων ἐλθόντες καὶ
φόβων, οὐ μόνον ἐν ταύτῃ τῇ ςρατηγίᾳ, ἀλλ'
ἐπεὶ εἰς τὴν ἑαυτῶν κατῆλθον, ὑπὸ τῶν συκο-
φαντῶν πολιορκύμενοι πολιορκίαν οὐδὲν ἐλάττω
τῆς ὑπὸ τῶν πολεμίων διετέλεσαν· ὥςε ἐνίυς αὐ-
τῶν εὔχεσθαι ἀςρατηγήτυς εἶναι μᾶλλον ἢ
ἐςρατηγηκέναι. εἰ μὲν οὖν ἦσαν οἱ κίνδυνοί τε καὶ
πόνοι φέροντες εἰς ὠφέλειαν, εἶχεν ἄν τινα λό-
γον· νῦν δὲ καὶ πολὺ τοὐναντίον. εὑρήσεις δὲ
καὶ περὶ τέκνων τὸν αὐτὸν τρόπον, εὐξαμένυς
τινὰς ἤδη γενέσθαι, καὶ γενομένων, εἰς ξυμφο-
ράς τε καὶ λύπας τὰς μεγίςας καταςάντας. οἱ
μὲν γὰρ, μοχθηρῶν διὰ τέλυς ὄντων τῶν τέκ-
νων, ὅλον τὸν βίον λυπύμενοι διήγαγον. τοὺς δὲ,

χρη-

χρητῶν μὲν γενομένων, συμφοραῖς δὲ χρησα-
μένων, ὥςε ςερηθῆναι, καὶ τούτυς οὐδὲν εἰς ἐλάτ-
]ονας δυςυχίας καθεςηκότας ἤπερ ἐκείνυς· καὶ
βουλομένυς ἂν ἀγένητα μᾶλλον εἶναι ἢ γενέσθαι.
ἀλλ᾽ ὅμως τούτων τε καὶ ἑτέρων πολλῶν ὁμοιο-
τρόπων τούτοις οὕτω σφόδρα καταδήλων ὄντων,
σπάνιον εὑρεῖν ὅςις ἂν ἢ διδομένων ἀπόσχοιτο,
ἢ μέλλων δι᾽ εὐχῆς τεύξεσθαι, παύσαιτο ἂν εὐ-
χόμενος. οἱ δὲ πολλοὶ οὔτ᾽ ἂν τυραννίδος διδομέ-
νης ἀπόσχοιντο ἄν, οὔτε ςρατηγίας, οὐδ᾽ ἑτέ-
ρων πολλῶν, ἃ παρόντα βλάπ]ει μᾶλλον ἢ ὠφε-
λεῖ· ἀλλὰ κἂν εὔξαιν]ο ἂν γενέσθαι, εἴ τῳ μὴ
παρόντα τυγχάνει. ὀλίγον δὲ ἐπισχόντες, ἐνίοτε
παλινῳδῦσιν, ἀνευχόμενοι ἅτ]᾽ ἂν τὸ πρῶτον εὔ-
ξωνται. ἐγὼ μὲν οὖν ἀπορῶ μὴ ὡς ἀληθῶς μά-
την θεοὺς ἄνθρωποι αἰτιῶν]αι, ἐξ ἐκείνων φά-
μενοι κακὰ σφίσιν εἶναι· οἱ δὲ καὶ αὐτοὶ σφῆ-
σιν εἴτε ἀτασθαλίαισιν, εἴτε ἀφροσύναις χρὴ
εἰπεῖν, -- ὑπὲρ μόρον ἄλγε᾽ ἔχυσι. κινδυνεύει
γ᾽ ἄν, ὦ Ἀλκιβιάδη, φρόνιμός τις εἶναι ἐκεῖνος
ὁ ποιητής, ὅς, δοκεῖ μοι, φίλοις ἀνοήτοις τισὶ
χρησάμενος, ὁρῶν αὐτοὺς καὶ πράτ]οντας καὶ
εὐχομένυς ἅπερ οὐ βέλτιον ἦν, ἐκείνοις δὲ ἐδόκει,

κοι-

κοινῇ ὑπὲρ ἁπάντων αὐτῶν εὐχὴν ποιήσασθαι.
λέγει δὲ πῶς ὡδί·

Ζεῦ βασιλεῦ, τὰ μὲν ἐσθλὰ (φησὶ) καὶ
εὐχομένοις καὶ ἀνεύκτοις
ἄμμι δίδου, τὰ δὲ δεινὰ καὶ εὐχομένοις ἀπα-
λέξειν

κελεύει. ἐμοὶ μὲν οὖν καλῶς δοκεῖ καὶ ἀσφα-
λῶς λέγειν ὁ ποιητής. σὺ δ᾽ εἴ τι ἐν νῷ ἔχεις
πρὸς ταῦτα, μὴ σιώπα.

6   ΑΛ. Χαλεπὸν, ὦ Σώκρατες, ἐςὶν ἀντιλέγειν
πρὸς τὰ καλῶς εἰρημένα· ἐκεῖνο δ᾽ οὖν ἐννοῶ,
ὅσων κακῶν αἰτία ἡ ἄγνοια τοῖς ἀνθρώποις· ὁπό-
τε, ὡς ἔοικε, λελήθαμεν ἡμᾶς αὐτοὺς διὰ ταύ-
την καὶ πράτ]ονῇες, καὶ, τόγε ἔσχατον, εὐχό-
μενοι ἡμῖν αὐτοῖς τὰ κάκιστα. ὅπερ οὐκ οὐδεὶς οἰη-
θείη· ἀλλὰ τοῦτό γε πᾶς ἂν οἴοιτο ἱκανὸς εἶναι,
αὐτὸς αὐτῷ τὰ βέλτιστα εὔξασθαι, ἀλλ᾽ οὐ
τὰ κάκιστα. τοῦτο μὲν γὰρ ὡς ἀληθῶς κατάρᾳ
τινὶ ἀλλ᾽ οὐκ εὐχῇ ὅμοιον ἂν εἴη.

ΣΩ. Ἀλλ᾽ ἴσως, ὦ βέλτιστε, φαίη ἄν τις
ἀνὴρ ὅς ἐμοῦ τε καὶ σοῦ σοφώτερος ὢν τυγχάνει,
οὐκ ὀρθῶς ἡμᾶς λέγειν, ἅτως εἰκῆ ψέγοντας
ἄγνοιαν· εἴ γε μὴ προσθείημεν τὴν ἔςιν ὧν τε
ἄγνοι-

ἄγνοιαν, καὶ ἔςιν οἷς, καὶ ἔχουσί πως, ἀγαθὸν, ὥσπερ ἐκείνοις κακόν.

ΑΛ. Πῶς λέγεις; ἔςι γὰρ ὅτῳν πρᾶγμα ὁτῳδὴ, ὁπωσοῦν ἔχοντι, ἄμεινον ἀγνοεῖν ἢ γινώσκειν;

ΣΩ. Ἔμοιγε δοκεῖ· σοὶ δ᾽ οὔ;

ΑΛ. Οὐ μέντοι, μὰ Δία.

ΣΩ. Ἀλλὰ μὴν οὐδ᾽ ἐκεῖνο σοῦ καταγνώσομαι, ἐθέλειν ἄν σε πρὸς τὴν ἑαυτοῦ μητέρα διαπεπρᾶχθαι ἅπερ Ὀρέςην· φασὶ καὶ τὸν Ἀλκμαίωνα, καὶ εἰ δή τινες ἄλλοι ἐκείνοις τυγχάνουσι ταὐτὰ διαπεπραγμένοι.

ΑΛ. Εὐφήμει πρὸς Διὸς, ὦ Σώκρατες.

ΣΩ. Οὔτοι τὸν λέγοντα, ὦ Ἀλκιβιάδη, ὡς οὐκ ἂν ἐθέλεις σοὶ ταῦτα πεπρᾶχθαι, εὐφημεῖν δεῖ σε κελεύειν, ἀλλὰ μᾶλλον πολὺ εἴ τις τὰ ἐναντία λέγοι. ἐπειδὴ οὕτω σοὶ δοκεῖ σφόδρα δεινὸν εἶναι τὸ πρᾶγμα, ὥς᾽ οὐδὲ ζητέον εἶναι οὕτως εἰκῆ· δοκῇς δ᾽ ἂν τὸν Ὀρέςην, εἰ ἐτύγχανε φρόνιμος ὤν, καὶ εἰδὼς ὅ, τι βέλτιςον ἦν αὐτῷ πράτ]ειν, τολμῆσαι ἄν τι τούτων διαπράξασθαι;

ΑΛ. Οὐ δῆτα.

ΣΩ. Οὐδέ γε ἄλλον οἶμαι οὐδένα.

ΑΛ.

ΑΛ. Οὐ μέντοι.

ΣΩ. Κακὸν ἄρα, ὡς ἔοικεν, ἐςὶν ἡ τοῦ βελτίςου ἄγνοια, καὶ τὸ ἀγνοεῖν τὸ βέλτιςον.

ΑΛ. Ἔμοιγε δοκεῖ.

ΣΩ. Οὐκοῦν καὶ ἐκείνῳ, καὶ τοῖς ἄλλοις ἅπασι;

ΑΛ. Φημί.

ΣΩ. Ἔτι τοίνυν καὶ τόδε ἐπισκεψώμεθα· εἴ σοι αὐτίκα μάλα παραςαίη, οἰηθέντι βέλτιον εἶναι, Περικλέα, τὸν σεαυτῦ ἐπίτροπόν τε καὶ φίλον, ἐγχειρίδιον λαβόντα, ἐλθόντα ἐπὶ τὰς θύρας, εἰπεῖν εἰ ἔνδον ἐςὶ, βουλόμενον ἀποκτεῖναι αὐτὸν ἐκεῖνον, ἄλλον δὲ μηδένα. οἱ δὲ φαῖεν ἔνδον εἶναι. καὶ οὐ λέγω ἐθέλειν ἄν σε τούτων τι πράτ]ειν· ἀλλ᾽ εἰ, οἶμαι, δόξει σοὶ, ὅπερ οὐδὲν κωλύει δή που τῷ γε ἀγνοῦντι τὸ βέλτιςον, παραςῆναι ποτὲ δόξαν, ὥςε οἰηθῆναι καὶ τὸ κάκιςον ποτὲ βέλτιςον εἶναι. ἢ οὐκ ἄν δοκῇ σοι;

ΑΛ. Πάνυ μὲν οὖν.

ΣΩ. Εἰ οὖν παρελθὼν εἴσω, καὶ ἰδὼν αὐτὸν ἐκεῖνον ἀγνοήσαις τε καὶ οἰηθέης ἂν ἄλλον εἶναί τινα, ἆρ᾽ ἔτι ἂν αὐτὸν τολμήσαις ἀποκτεῖναι;

ΑΛ. Οὐ μὰ τὸν Δία, οὐκ ἄν μοι δοκῶ.

ΣΩ. Οὐ γὰρ δή που τὸν ἐντυχόντα, ἀλλ᾽ αὐτὸν ἐκεῖνον ὃν ἠβούλυ. ἢ γάρ;

ΑΛ.

ΑΛ. Ναί.

ΣΩ. Οὔκουν καὶ εἰ πολλάκις ἐγχειρῆς, αἰεὶ δὲ ἀγνοῆς τὸν Περικλέα, ὁπότε μέλλεις τοῦτο πράτ]ειν, οὔποτε ἂν ἐπιθοιο αὐτῷ.

ΑΛ. Οὐ δῆτα.

ΣΩ. Τί δέ; τὸν Ὁρέςην δοκῆς ἂν πο]ε τῇ μητρὶ ἐπιθέσθαι, εἴ γε ὠσαύτως ἠγνόησεν;

ΑΛ. Οὐκ οἶμαι ἔγωγε.

ΣΩ. Οὐ γὰρ δή που οὐδ' ἐκεῖνος τὴν προςυχοῦσαν γυναῖκα, οὐδὲ τὴν ὁτουοῦν μητέρα διενοεῖτο ἀποκ]εῖναι, ἀλλὰ τὴν αὐτὸς αὐτοῦ.

ΑΛ. Ἔςι ταῦτα.

ΣΩ. Ἀγνοεῖν ἄρα τά γε τοιαῦτα βέλ]ιον τοῖς οὕτω διακειμένοις, καὶ τοιαύτας δόξας ἔχουσι.

ΑΛ. Φαίνεται.

ΣΩ. Ὁρᾷς οὖν ὅτι ἡ ἔςιν ὧν γε ἄγνοια, καὶ ἔςιν οἷς, καὶ ἔχουσί πως, ἀγαθὸν, ἀλλ' οὐ κακὸν, ὥσπερ ἄρτι σοὶ ἐδόκει;

ΑΛ. Ἔοικεν. 8.

ΣΩ. Ἔτι τοίνυν, εἰ βούλει τὸ μετὰ τοῦτο ἐπισκοπεῖν, ἄτοπον ὄν, ἴσως ἂν σοι δόξειεν εἶναι

ΑΛ. Τί μάλιςα, ὦ Σώκρατες;

ΣΩ. Ὅτι, ὡς ἔπος εἰπεῖν, κινδυνεύει τό γε τῶν ἄλλων ἐπιςημῶν κτῆμα, ἐάν τις ἄνευ τοῦ

B βελ-

βελτίςα κεκτημένος ᾖ, ὀλιγάκις μὲν ὠφελεῖν, βλάπ]ειν δὲ τὰ πλείω τὸν ἔχον]α αὐτά. σκόπει δὲ ὧδε· ἆρ᾽ οὐκ ἀναγκαῖον σοὶ δοκεῖ εἶναι, ὅταν τι μέλλωμεν ἤτοι πράτ]ειν ἢ λέγειν. οἰηθῆναι δεῖν πρῶτον ἡμᾶς εἰδέναι, ἢ τῷ ὄντι εἰδέναι τοῦτο ὅ, τι ἂν προχειροτέρως μέλλωμέν ἢ λέγειν ἢ πράτ]ειν;

ΑΛ. Ἔμοιγε δοκεῖ.

ΣΩ. Οὔκουν οἱ ῥήτορες αὐτίκα, ἤτοι εἰδότες συμβουλεύειν, ἢ οἰηθέντες εἰδέναι, συμβουλεύουσιν ἡμῖν ἑκάςοτ]ε· οἱ μὲν, περὶ πολέμου τε καὶ εἰρήνης, οἱ δὲ, περὶ τειχῶν οἰκοδομίας, ἢ καὶ λιμένων κατασκευῆς. ἑνὶ δὲ λόγῳ, ὅσα δή ποτε ἡ πόλις πράτ]ει πρὸς ἄλλην πόλιν, ἢ αὐτὴ καθ᾽ αὑτὴν, ἀπὸ τῆς τῶν ῥητόρων συμβουλῆς πάν]α γίγνεται.

ΑΛ. Ἀληθῆ λέγεις.

ΣΩ. Ὅρα τοίνυν καὶ τὰ ἐπὶ τούτοις, ἂν δυνηθῶ. καλεῖς γὰρ δή που φρονίμους τε καὶ ἄφρονας;

ΑΛ. Ἔγωγε.

ΣΩ. Οὐκοῦν τοὺς μὲν πολλοὺς, ἄφρονας· τοὺς δ᾽ ὀλίγους, φρονίμους;

ΑΛ. Οὕτω.

ΣΩ. Οὐκοῦν πρός τι ἀποβλέπων, ἀμφοτέρους;

ΑΛ.

ΑΛ. Ναί.

ΣΩ. Ἆρ' οὖν τὸν τοιοῦτο συμβουλεύειν εἰδότα, χωρὶς τοῦ πότερον βέλτιον, καὶ ὅτε βέλτιον, Φρόνιμον καλεῖς;

ΑΛ. Οὐ δῆτα.

ΣΩ. Οὐδέ γε, οἶμαι, ὅςις τὸ πολεμεῖν αὐτὸ οἶδε, χωρὶς τοῦ ὁπότε βέλτιον, καὶ τοσοῦτον χρόνον ὅσον βέλτιον. ἢ γάρ;

ΑΛ. Ναί.

ΣΩ. Οὔκουν, οὐδὲ εἴ τις τινὰ ἀποκ]ιννύναι οἶδεν, οὐδὲ χρήματα ἀφαιρεῖσθαι, καὶ φυγάδα ποιεῖν τῆς πατρίδος, χωρὶς τοῦ ὁπότε βέλτιον, καὶ ὅντινα βέλτιον.

ΑΛ. Οὐ μέντοι.

ΣΩ. Ὅςις ἄρα τι τῶν τοιούτων οἶδεν, ἐὰν μὲν παρέπηται ἡ τοῦ βελτίςου ἐπιςήμη αὕτη δ' ἦν ἡ αὐτὴ δή που ἥπερ καὶ ἡ τοῦ ὠφελίμου· ἢ γάρ;

ΑΛ. Ναί.

ΣΩ. Φρόνιμόν γε αὐτὸν φήσομεν, καὶ ἀποχρῶντα ξύμβυλον καὶ αὐτὸν αὑτῷ καὶ τῇ πόλει· τὸν δὲ μὴ ποιοῦν]α, τἀναν]ία τούτων. ἢ πῶς δοκεῖ;

ΑΛ. Ἐμοὶ μὲν οὕτω.

9 ΣΩ. Τί δ' εἴ τις ἱππεύειν ἢ τοξεύειν οἶδεν; ἢ αὖ παλαίειν, ἢ πυκτεύειν; ἤ τι τῆς ἄλλης ἀγωνίας, ἢ καὶ ἄλλό τι τῶν τοιούτων ὅσα τέχνῃ εἴδαμεν; τί καλεῖς ὃς ἂν εἰδῇ τὸ κατὰ ταύτην τὴν τέχνην βέλτιον γιγνόμενον; ἆρ' οὐ τὸν κατὰ τὴν ἱππικὴν, ἱππικόν;

ΑΛ. Ἔγωγε.

ΣΩ. Τὸν δέ γε, οἶμαι, κατὰ τὴν πυκτικὴν, πυκτικόν· τὸν δὲ κατ' αὐλητικὴν, αὐλητικόν· καὶ κατ' ἄλλα δή που ἀνάλογον τούτοις. ἢ ἄλλως πως;

ΑΛ. Οὔκ· ἀλλ' οὕτω.

ΣΩ. Δοκεῖ οὖν σοι ἀναγκαῖον εἶναι τὸν περὶ τούτων τι ἐπιστήμονα ὄντα, ἆρα καὶ ἄνδρα φρόνιμον εἶναι; ἢ πολλοῦ φήσομεν ἐνδεῖν;

ΑΛ. Πολλοῦ μέντοι, νὴ Δία.

ΣΩ. Ποίαν οὖν οἴει πολιτείαν εἶναι τοξοτῶν τε ἀγαθῶν καὶ αὐλητῶν, ἔτι δὲ καὶ ἀθλητῶν τε καὶ τῶν ἄλλων τεχνιτῶν; ἀναμεμιγμένων δ' ἐν τοιούτοις οἷς ἄρτι εἰρήκαμεν, τῶν τε αὐτὸ τὸ πολεμεῖν εἰδότων καὶ αὐτὸ τὸ ἀποκτιννύναι· πρὸς δὲ, καὶ ἀνδρῶν πολιτικῶν, πολιτικὸν φύσημα φυσάντων; ἁπάντων δὲ τούτων ὄντων ἄνευ τῆς τοῦ βελ-

βελτίςα ἐπιςήμης, καὶ τοῦ εἰδότος ὁπότε βέλτιον ἐνὶ ἑκάςῳ τούτων χρῆσθαι, καὶ πρὸς τίνα;

ΑΛ. Φαύλην ἔγωγε, ὦ Σώκρατες.

ΣΩ. Φαίης γε ἄν, οἶμαι, ὁπόταν ὁρᾴης ἕνα ἕκαςον αὐτῶν φιλοτιμούμενόν τε, καὶ νέμοντα τὸ πλεῖςον τῆς πολιτείας τούτῳ μέρος,

ἵν' αὐτὸς αὐτοῦ τυγχάνῃ κράτιςος ὤν.

(λέγω δὲ τὸ κατ' αὐτὴν τὴν τέχνην βέλτιςον γιγνόμενον) τοῦ δὲ τῇ πόλει τε καὶ αὐτὸν αὐτῷ βελτίςου ὄν]ος τὰ πολλὰ διημαρτηκότα, ἅτε, οἶμαι, ἄνευ νοῦ δόξῃ πεπιςευκότα. οὕτω δὲ τούτων ἐχόν]ων, ἆρ' οὐκ ἂν ὀρθῶς λέγοιμεν, φάντες πολλῆς ταραχῆς τε καὶ ἀνομίας μεςὴν εἶναι τὴν τοιαύτην πολι]είαν;

ΑΛ. Ὀρθῶς μέν]οι, νὴ Δία.

ΣΩ. Οὐκοῦν ἀναγκαῖον ἐδόκει ἡμῖν εἶναι, εἰρῆθῆναι δεῖν πρῶτον ἡμᾶς εἰδέναι, ἢ τῷ ὄν]ι εἰδέναι τοῦτο ὅ ἂν προχείρως μέλλωμεν ἢ πράτ]ειν ἢ λέγειν;

ΑΛ. Ἐδόκει.

ΣΩ. Οὐκοῦν, κἂν μὲν πράτ]ῃ ἅ τις οἶδεν, ἢ δοκεῖ εἰδέναι, παρέπεται δὴ τὸ ὠφελίμως καὶ λυσιτελούν]ως ἡμᾶς ἕξειν καὶ τῇ πόλει καὶ αὐτὸν αὐτῷ;

B 3 ΑΛ.

ΑΛ. Πῶς γὰρ οὔ;

ΣΩ. Ἐὰν δέ γ', οἶμαι, τἀναντία τούτων, οὔτε τῇ πόλει, οὔτ' αὐτὸν αὑτῷ;

ΑΛ. Οὐ δῆτα.

ΣΩ. Τί δέ; νῦν ἔτι ὡσαύτως σοί δοκεῖ, ἢ ἄλλως πως;

ΑΛ. Οὐκ· ἀλλ' οὕτω.

ΣΩ. Ἆρ' οὖν ἔφησθα καλεῖν τοὺς μὲν πολλοὺς, ἄφρονας, τοὺς δ' ὀλίγους, Φρονίμους;

ΑΛ. Ἔγωγε.

ΣΩ. Οὐκοῦν φαμὲν πάλιν τοὺς πολλοὺς διημαρτηκέναι τοῦ βελτίστου, ὡς τὰ πολλά γε, οἶμαι, ἄνευ νοῦ δόξῃ πεπιστευκότας;

ΑΛ. Φαμὲν γάρ.

ΣΩ. Λυσιτελεῖ ἄρα τοῖς πολλοῖς μήτε εἰδέναι μηδὲν, μήτε οἴεσθαι εἰδέναι· εἴπερ γε μᾶλλον προθυμήσονται μὲν πράττειν ταῦτα ἅττ' ἂν εἰδῶσιν, ἢ οἰηθῶσιν εἰδέναι· πράττοντες δὲ, βλάπτεσθαι τὰ πλείω μᾶλλον ἢ ὠφελεῖσθαι;

ΑΛ. Ἀληθέστατα λέγεις.

ΣΩ. Ὁρᾷς οὖν, ὅτε γ' ἔφην, κινδυνεύει. Τό γε τῶν ἄλλων ἐπιστημῶν κτῆμα, ἐάν τις ἄνευ τῆς τοῦ βελτίστου ἐπιστήμης κεκλημένος ᾖ, ὀλιγάκις μὲν ὠφελεῖν, βλάπτειν δὲ τὰ πλείω τὸν ἔχοντα τα αυτὸ, ἀρ' οὐχὶ τῷ ὄντι ὀρθῶς ἐφαινόμην λέγων;

ΑΛ. Καὶ εἰ μὴ τότε, ἀλλὰ νῦν μοὶ δοκεῖ, ὦ Σώκρατες.

ΣΩ. Δεῖ ἄρα καὶ πόλιν καὶ ψυχὴν τὴν μέλλουσαν ὀρθῶς βιώσεσθαι, ταύτης τῆς ἐπιστήμης ἀντέχεσθαι ἀτεχνῶς, ὥσπερ ἀσθενοῦντα ἰατροῦ, ἤ τινος κυβερνήτου τὸν ἀσφαλῶς μέλλοντα πλεῖν. ὅσωπερ ἂν μὴ πρότερον ἐπουρίσῃ τὸ τῆς ψυχῆς. ἄνευ γὰρ ταύτης, ἢ περὶ χρημάτων κτῆσιν, ἢ σώματος ῥώμην, ἢ καὶ ἄλλο τι τῶν τοιούτων, τοσούτῳ μείζω ἁμαρτήματα ἀπ' αὐτῶν ἀναγκαῖόν ἐστιν, ὡς ἔοικε, γίγνεσθαι. ὁ δὲ δὴ τὴν καλουμένην πολυμάθειάν τε καὶ πολυτεχνίαν κεκτημένος, ὀρφανὸς δὲ ὢν ταύτης τῆς ἐπιστήμης, ἀγόμενος δὲ ὑπὸ μιᾶς ἑκάστης τῶν ἄλλων, ἀρ' οὐχὶ τῷ ὄντι δικαίως πολλῷ χειμῶνι χρήσεται; ἄτ', οἶμαι, ἄνευ κυβερνήτου διατελῶν ἐν πελάγει, χρόνον οὐ μακρὸν βίον θεῶν. ὥστε ξυμβαίνειν μοὶ δοκεῖ καὶ ἐνταῦθα τὸ τοῦ ποιητοῦ, ὃ λέγει κατηγορῶν πού τινος, ὡς ἄρα πολλὰ μὲν ἠπίστατο ἔργα, κακῶς δὲ, φησὶν, ἠπίστατο πάντα.

ΑΛ. Καὶ τί δή ποτε ξυμβαίνει τὸ τοῦ ποιητοῦ;

τῶ, ὦ Σώκρατες; ἐμοὶ μὲν γὰρ οὐδ᾽ ὁτιοῦν δοκεῖ πρὸς λόγον εἰρηκέναι.

ΣΩ. Καὶ μάλα γε πρὸς λόγον· ἀλλ᾽ αἰνίτ]εται, ὦ βέλτιςε, καὶ οὗτος, καὶ οἱ ἄλλοι δὲ ποιηταὶ σχεδόν τι πάντες. ἔςι τε φύσει ποιητικὴ ἡ ξύμπασα αἰνιγματώδης, καὶ οὐ τοῦ περυχόντος ἀνδρὸς γνωρίσαι. ἔτι δὲ πρὸς τῷ φύσει τοιαύτῃ εἶναι, ὅταν λάβηται ἀνδρὸς φθονερᾶ τε καὶ μὴ βουλομένου ἡμῖν ἐνδείκνυσθαι, ἀλλ᾽ ἀποκρύπτεσθαι ὅτι μάλιςα τὴν αὐτοῦ σοφίαν, ὑπερφυῶς δὴ τὸ χρῆμα ὡς δύσγνωςον φαίνεται, ὅ, τι ποτὲ νοοῦσιν ἕκαςος αὐτῶν. οὐ γὰρ δή που Ὅμηρόν γε, τὸν σοφώτατόν τε καὶ θειότατον ποιητὴν, ἀγνοεῖν δοκεῖς ὅτι οὐχ οἷόν τε ἦν ἐπίςασθαι κακῶς. ἐκεῖνος γάρ ἐςιν ὁ λέγων τὸν Μαργίτην πολλὰ μὲν ἐπίςασθαι, κακῶς δέ, φησὶ, πάντα ἐπίςασθαι. ἀλλ᾽ αἰνίτ]εται, οἶμαι, παράγων τὸ κακῶς μὲν, ἀντὶ τοῦ κακὰ· τὸ δὲ ἠπίςατο, ἀντὶ τοῦ ἐπίςτασθαι. γίγνεται οὖν συντεθὲν ἔξω μὲν τοῦ μέτρου, ἔςι δ᾽ ὅ, τι βούλεται· ὡς πολλὰ μὲν ἠπίςατο ἔργα, κακὸν δὲ ἦν αὐτῷ ἐπίςτασθαι ταῦτα πάντα. δῆλον οὖν ὅτι εἴπερ ἦν αὐτῷ κακὸν τὸ πολλὰ εἰδέναι, φαῦλός τις ὢν ἐτύγχανεν. εἴπερ γε πιςεύειν δεῖ τοῖς προειρημένοις λόγοις. ΑΛ.

ΑΛ. Ἀλλ' ἔμοιγε δοκεῖ, ὦ Σώκρατες. ἦ χαλεπῶς γ' ἂν ἄλλοις τισὶ πιστεύσαιμι λόγοις, εἴπερ μηδὲ τούτοις.

ΣΩ. Καὶ ὀρθῶς γέ σοι δοκεῖ. ἀλλὰ φέρε πρὸς Διός. ὁρᾷς γὰρ δήπου τὴν ἀπορίαν ὅση τε καὶ οἵα· ταύτης δέ μοι δοκεῖς καὶ σὺ κεκοινωνηκέναι· μεταβαλλόμενος γέ τοι ἄνω καὶ κάτω οὐδ' ὁτιοῦν παύει, ἀλλ' ὅπερ ἂν μάλιστα σοὶ δόξῃ, τοῦτο καὶ ἐκδεδυκέναι αὖ, καὶ οὐκέτι ὡσαύτως δοκεῖν. εἰ οὖν σοί γέ τι καὶ νῦν ἐμφανὴς γενόμενος ὁ θεός, πρὸς ὃν τυγχάνεις πορευόμενος, ἐρωτήσειε, πρὶν ὁτιοῦν εὔξασθαί σε· Εἰ ἐξαρκέσει σοι ἐκείνων τι γενέσθαι, ὧνπερ καὶ ἐν ἀρχῇ ἐλέγετο. εἴτε καὶ αὐτῷ σοι ἐπιτρέψειεν εὔξασθαι, τί ποτ' ἂν οἴει ἢ τῶν παρ' ἐκείνου διδομένων λαμβάνων, ἢ αὐτὸς εὐξάμενος γενέσθαι, τοῦ καιροῦ τυχεῖν;

ΑΛ. Ἀλλὰ, μὰ τοὺς θεοὺς, ἐγὼ μὲν οὐδὲν ἂν ἔχοιμι σοὶ εἰπεῖν, ὦ Σώκρατες· ἀλλα μάργον τι μοὶ δοκεῖ εἶναι, καὶ ὡς ἀληθῶς πολλῆς φυλακῆς, ὅπως μὴ λήσεται τὶς αὐτὸν εὐχόμενος μὲν κακὰ, δοκῶν δὲ ἀγαθά· ἔπειτ' ὀλίγον ἐπισχὼν, ὅπερ καὶ σὺ ἔλεγες, παλινῳδῇ, ἀνευχόμενος ἅτ]α ἂν τὸ πρῶτον εὔξηται.

Β ϛ   ΣΩ.

ΣΩ. Ἆρ' οὖν οὐχὶ εἰδώς τι πλεῖον ἡμῶν ὁ ποιητὴς, οὗ καὶ ἐν ἀρχῇ τοῦ λόγου ἐπεμνήσθην, τὰ δεινὰ καὶ εὐχομένοις ἀπαλέξειν ἐκέλευσεν;

ΑΛ. Ἐμοὶ μέντοι δοκεῖ.

ΣΩ. Τοῦτον μὲν τοίνυν, ὦ Ἀλκιβιάδη, καὶ Λακεδαιμόνιοι τὸν ποιητὴν ἐζηλωκότες, εἴτε καὶ αὐτοὶ οὕτως ἐπεσκεμμένοι, καὶ ἰδίᾳ καὶ δημοσίᾳ ἑκάστοτε παραπλησίαν εὐχὴν εὔχονται, τὰ καλὰ ἐπὶ τοῖς ἀγαθοῖς τοὺς θεοὺς διδόναι κελεύοντες αὖ σφίσιν αὐτοῖς. πλεῖον δ' οὐδεὶς ἂν ἐκείνων εὐξαμένων ἀκούσειε. τοιγαροῦν εἰς τὸ παρῆκον τοῦ χρόνου καὶ οὐδένων ἧττον εὐτυχεῖς εἰσὶν ἄνθρωποι. εἰ δ' ἄρα καὶ συμβέβηκεν αὐτοῖς ὥστε μὴ πάντα εὐτυχεῖν, ἀλλ' οὐ διὰ τὴν ἐκείνων εὐχήν. ἐπὶ τοῖς θεοῖς δ' ἐστὶν, οἶμαι, ὥστε καὶ διδόναι ἅτ[τ'] ἄν τις εὐχόμενος τυγχάνῃ, καὶ τἀναντία τούτων. βούλομαι δέ σοι καὶ ἕτερόν διηγήσασθαι, ὅ ποτε ἤκουσα πρεσβυτέρων τινῶν· ὡς Ἀθηναίοις καὶ Λακεδαιμονίοις διαφορᾶς γενομένης, συνέβαινεν αἰεὶ τῇ πόλει ἡμῶν ὥστε καὶ κατὰ γῆν καὶ κατὰ θάλατταν, ὁπόταν μάχη γένοιτο, δυστυχεῖν, καὶ μηδέποτε δύνασθαι κρατῆσαι. τοὺς οὖν Ἀθηναίους ἀγανακτοῦντας τῷ

πράγ-

πράγματι, καὶ ἀπορυμένυς τίνι χρὴ μηχανῇ
τῶν παρόντων κακῶν ἀποτροπὴν εὑρεῖν, βυλευο-
μένοις αὐτοῖς δοκεῖν κράτιςον εἶναι, πέμψαντας
πρὸς Ἄμμωνα, ἐκεῖνον ἐπερωτᾶν· ἔτι δὲ πρὸς
τύτοις τάδε, καὶ ἀνθ᾽ ὅτυ ποτὲ Λακεδαιμονίοις
οἱ θεοὶ μᾶλλον νίκην διδόασιν ἢ σφίσιν αὐτοῖς·
οἱ πλεῖςας (Φάναι) μὲν θυσίας καὶ καλλίςας
τῶν Ἑλλήνων ἄγομεν, ἀναθήμασί τε κεκοσμη-
κάμεν τὰ ἱερὰ αὐτῶν, ὡς οὐδένες ἄλλοι· πομ-
πάς τε πολυτελεςάτας καὶ σεμνοτάτας ἐδωρύ-
μεθα τοῖς θεοῖς ἀν᾽ ἕκαςον ἔτος, καὶ ἐτελῦμεν
χρήματα ὅσα οὐδ᾽ οἱ ἄλλοι ξύμπαντες Ἕλλη-
νες. Λακεδαιμονίοις δὲ, Φάναι, οὐδὲ πώποτ᾽
ἐμέλησεν οὐδὲν τύτων· ἀλλ᾽ οὕτως ὀλιγώρως διά-
κεινται πρὸς τοὺς θεὺς, ὥςε καὶ ἀνάπηρα θύυ-
σιν ἑκάςοτε, καὶ τἆλλα πάντα οὐκ ὀλίγως ἐν-
δεεςέρως τιμῶσιν ἤπερ ἡμεῖς, οὐδὲν ἐλάτζω χρή-
ματα κεκτημένοι τῆς ἡμετέρας πόλεως. ἐπειδὴ
εἰρηκέναι ταῦτά τε, καὶ ἐπερωτῆσαι τί χρὴ
πράτζοντας αὐτὺς τῶν παρόντων κακῶν ἀπαλ-
λαγὴν εὑρεῖν, ἄλλο μὲν οὐδὲν ἀποκριθῆναι τὸν
προφήτην (τὸν γὰρ θεὸν οὐκ ἐᾶν δηλονότι), κα-
λέσαντα δὲ αὐτὸν, Ἀθηναίοις, Φάναι, τάδε
λέγει Ἄμμων· φησὶν ἂν βύλεσθαι αὐτῷ τὴν

Λα-

Λακεδαιμονίων εὐφημίαν εἶναι μᾶλλον, ἢ τὰ ξύμπαντα τῶν Ἑλλήνων ἱερά. τοσαῦτα εἰπεῖν, οὐκέτι περαιτέρω. τὴν γοῦν εὐφημίαν οὐκ ἄλλην τινὰ μοι δοκεῖ λέγειν ὁ θεὸς, ἢ τὴν εὐχὴν αὐτῶν. ἔστι γὰρ τῷ ὄντι πολὺ διαφέρουσα τῶν ἄλλων. οἱ μὲν γὰρ ἄλλοι Ἕλληνες, οἱ μὲν χρυσόκερως βοῦς παραστησάμενοι, ἕτεροι δ᾽ ἀναθήμασι δωρούμενοι τὰς θεὰς, εὔχονται ἅττ᾽ ἂν τύχη ταῦτα, ἐάν τε ἀγαθὰ, ἐάν τε κακά. βλασφημούντων οὖν αὐτῶν ἀκούοντες οἱ θεοὶ, οὐκ ἀποδέχονται τὰς πολυτελεῖς ταύτας πομπάς τε καὶ θυσίας. ἀλλὰ δοκεῖ μοι πολλῆς φυλακῆς δεῖσθαι καὶ σκέ-

13 ψεως, ὅ, τι ποτὲ ῥητέον ἐστὶ καὶ μή. εὑρήσεις δὲ καὶ παρ᾽ Ὁμήρῳ ἕτερα παραπλήσια τούτοις εἰρημένα. φησὶ γὰρ τὰς Τρῶας ἔπαυλιν ποιουμένους,

Ἔρδειν ἀθανάτοισι τελιέσσας ἑκατόμβας·
τὴν δὲ κνίσσαν ἐκ τοῦ πεδίου τοὺς ἀνέμους φέρειν,
— — οὐρανὸν εἴσω,
ἡδεῖαν· τῆς δ᾽ οὔτι θεοὺς μάκαρας δα-
τέεσθαι,
οὐδ᾽ ἐθέλειν. μάλα γάρ σφιν ἀπήχθετο
Ἴλιος ἱρὴ,
καὶ Πρίαμος, καὶ λαὸς ἐϋμμελίω Πριάμοιο.
ὥστε

ὥϛε οὐδὲν αὐτοῖς προύργυ ἦν θύειν τε καὶ δῶρα τελεῖν μάτην, θεοῖς ἀπηχθημένυς. οὐ γὰρ, οἶμαι, τοιῦτόν ἐϛι τὸ τῶν θεῶν, ὥϛε ὑπὸ δώρων παράγεσθαι, οἷον κακὸν τοκιϛήν. ἀλλὰ καὶ ἡμεῖς εὐήθη λόγον λέγομεν, ἀξιῦντες Λακεδαιμονίων ταύτῃ περιεῖναι. καὶ γὰρ ἂν δεινὸν εἴη, εἰ πρὸς τὰ δῶρα καὶ τὰς θυσίας ἀποβλέπυσιν ἡμῶν οἱ θεοὶ, ἀλλὰ μὴ πρὸς τὴν ψυχὴν, ἄν τις ὅσιος καὶ δίκαιος ὢν τυγχάνῃ. πολλῷ μᾶλλον, οἶμαι, ἢ πρὸς τὰς πολυτελεῖς ταύτας πομπάς τε καὶ θυσίας· ἃς οὐδὲν κωλύει πολλὰ μὲν εἰς θεὺς, πολλὰ δ᾽ εἰς ἀνθρώπυς ἡμαρτηκότας, καὶ ἰδιώτην καὶ πόλιν, ἔχειν ἂν ἕκαϛον ἔτος τελεῖν· οἱ δὲ, ἅτε οὐ δωροδόκοι ὄντες, καταφρονῦσιν ἁπάντων τούτων, ὥς φησιν ὁ θεὸς καὶ θεῶν προφήτης. κινδυνεύει γοῦν καὶ παρὰ θεοῖς καὶ παρ᾽ ἀνθρώποις τοῖς νοῦν ἔχυσι δικαιοσύνη τε καὶ φρόνησις διαφερόντως τετιμῆσθαι. φρόνιμοι δὲ καὶ δίκαιοι, οὐκ ἄλλοι τινές εἰσιν ἢ τῶν εἰδότων ἃ δεῖ πράτ]ειν καὶ λέγειν, καὶ πρὸς θεὺς καὶ πρὸς ἀνθρώπυς. βουλοίμην δ᾽ ἂν καὶ σοῦ πυθέσθαι, ὅ, τι πό]ὲ ἐν νῷ ἔχεις πρὸς ταῦτα.

ΑΛ.

Λακεδαιμονίων εὐφημίαν εἶναι μᾶλλον, ἢ τὰ ξύμπαντα τῶν Ἑλλήνων ἱερά. τοσαῦτα εἰπεῖν, οὐκέτι περαιτέρω. τὴν γοῦν εὐφημίαν οὐκ ἄλλην τινὰ μοι δοκεῖ λέγειν ὁ θεὸς, ἢ τὴν εὐχὴν αὐτῶν. ἔςι γὰρ τῷ ὄντι πολὺ διαφέρουσα τῶν ἄλλων. οἱ μὲν γὰρ ἄλλοι Ἕλληνες, οἱ μὲν χρυσόκερως βοῦς παραςησάμενοι, ἕτεροι δ᾽ ἀναθήμασι δωρούμενοι τὰς θεὰς, εὔχονται ἅττ᾽ ἂν τύχῃ ταῦτα, ἐάν τε ἀγαθὰ, ἐάν τε κακά. βλασφημούντων οὖν αὐτῶν ἀκύοντες οἱ θεοὶ, οὐκ ἀποδέχονται τὰς πολυτελεῖς ταύτας πομπάς τε καὶ θυσίας. ἀλλὰ δοκεῖ μοι πολλῆς φυλακῆς δεῖσθαι καὶ σκέ-
13 ψεως, ὅ, τι ποτὲ ῥητέον ἐςὶ καὶ μή. εὑρήσεις δὲ καὶ παρ᾽ Ὁμήρῳ ἕτερα παραπλήσια τούτοις εἰρημένα. φησὶ γὰρ τὰς Τρῶας ἔπαυλιν ποιουμένας,

Ἔρδειν ἀθανάτοισι τελειέσσας ἑκατόμβας·
τὴν δὲ κνίσσαν ἐκ τοῦ πεδίου τοὺς ἀνέμους φέρειν,
— — οὐρανὸν εἴσω
ἡδεῖαν· τῆς δ᾽ οὔτι θεοὺς μάκαρας δα-
τέεσθαι,
οὐδ᾽ ἐθέλειν, μάλα γάρ σφιν ἀπήχθετο
Ἴλιος ἱρὴ,
καὶ Πρίαμος, καὶ λαὸς ἐϋμμελίω Πριάμοιο.
ὥςε

ὥστε οὐδὲν αὐτοῖς προὔργυ ἦν θύειν τε καὶ δῶρα τελεῖν μάτην, θεοῖς ἀπηχθημένυς. οὐ γὰρ, οἶμαι, τοιοῦτόν ἐστι τὸ τῶν θεῶν, ὥστε ὑπὸ δώρων παράγεσθαι, οἷον κακὸν τοκιστήν. ἀλλὰ καὶ ἡμεῖς εὐήθη λόγον λέγομεν, ἀξιοῦντες Λακεδαιμονίων ταύτῃ περιεῖναι. καὶ γὰρ ἂν δεινὸν εἴη, εἰ πρὸς τὰ δῶρα καὶ τὰς θυσίας ἀποβλέπυσιν ἡμῶν οἱ θεοὶ, ἀλλὰ μὴ πρὸς τὴν ψυχὴν, ἄν τις ὅσιος καὶ δίκαιος ὢν τυγχάνῃ. πολλῷ μᾶλλον, οἶμαι, ἢ πρὸς τὰς πολυτελεῖς ταύτας πομπάς τε καὶ θυσίας· ἃς οὐδὲν κωλύει πολλὰ μὲν εἰς θεὺς, πολλὰ δ' εἰς ἀνθρώπυς ἡμαρτηκότας, καὶ ἰδιώτην καὶ πόλιν, ἔχειν ἂν ἕκαστον ἔτος τελεῖν. οἱ δὲ, ἅτε οὐ δωροδόκοι ὄντες, καταφρονῦσιν ἁπάντων τούτων, ὥς φησιν ὁ θεὸς καὶ θεῶν προφήτης. κινδυνεύει γοῦν καὶ παρὰ θεοῖς καὶ παρ' ἀνθρώποις τοῖς νοῦν ἔχυσι δικαιοσύνη τε καὶ φρόνησις διαφερόντως τετιμῆσθαι. φρόνιμοι δὲ καὶ δίκαιοι, οὐκ ἄλλοι τινές εἰσιν ἢ τῶν εἰδότων ἃ δεῖ πράτ]ειν καὶ λέγειν, καὶ πρὸς θεὺς καὶ πρὸς ἀνθρώπυς. βυλοίμην δ' ἂν καὶ σοῦ πυθέσθαι, ὅ, τι ποτὲ ἐν νῷ ἔχεις πρὸς ταῦτα.

ΑΛ.

ΑΛ. Ἀλλ' ἐμοὶ μέν, ὦ Σώκρατες, οὐκ ἄλλη πη δοκεῖ ἤ ἥπερ σοί τε καὶ τῷ θεῷ. οὐδὲ γὰρ ἂν εἰκὸς εἴη ἀντίψηφον ἐμὲ τῷ θεῷ γίγνεσθαι.

ΣΩ. Οὐκοῦν μέμνησαι ἐν πολλῇ ἀπορίᾳ φάσκων εἶναι, ὅπως μὴ λήσῃς σεαυτὸν εὐχόμενος μὲν κακά, δοκῶν δὲ ἀγαθά;

ΑΛ. Ἔγωγε.

ΣΩ. Ὁρᾷς οὖν ὡς οὐκ ἀσφαλές σοι ἐςὶν ἐλθεῖν πρὸς τὸν θεὸν εὐξομένῳ, ἵνα μηδ' ἂν οὕτω τύχῃ, βλασφημοῦντός σου ἀκούων, οὐδὲν ἀποδέξηται τῆς θυσίας ταύτης· τυχὸν δὲ καὶ ἕτερόν τι προσαπολαύσῃς. ἐμοὶ μὲν οὖν δοκεῖ κράτιςον εἶναι ἡσυχίαν ἔχειν. τῇ μὲν γὰρ Λακεδαιμονίων εὐχῇ, διὰ τὴν μεγαλοψυχίαν (τοῦτο γὰρ κάλλιςον τῶν ἐν ἀφροσύνῃ γε ὀνομάτων) οὐκ ἄν οἶμαί σε ἐθέλειν χρῆσθαι. ἀναγκαῖον οὖν ἐςι περιμένειν ἕως ἄν τις μάθῃ ὡς δεῖ πρὸς θεὺς καὶ πρὸς ἀνθρώπους διακεῖσθαι.

14 ΑΛ. Πότε οὖν παρέςαι ὁ χρόνος οὗτος, ὦ Σώκρατες; καὶ τίς ὁ παιδεύσων; ἥδιςα γὰρ ἄν μοι δοκῶ ἰδεῖν τοῦτον τὸν ἄνθρωπον, τίς ἐςιν.

ΣΩ. Οὗτός ἐςιν ᾧ μέλει περὶ σοῦ. ἀλλὰ δοκεῖ μοι, ὥσπερ τῷ Διομήδει φησὶ τὴν Ἀθήναν

Ὅμη-

Ὅμηρος, — ἀπὸ τῶν ὀφθαλμῶν ἀφελεῖν τὴν ἀχλὺν,

ὄφρ' εὖ γιγνώσκει ἠμὲν θεὸν ἠδὲ καὶ ἄνδρα, οὕτω καὶ σοῦ δεῖν ἀπὸ τῆς ψυχῆς πρῶτον ἀφελόντα τὴν ἀχλὺν, ἣ νῦν παροῦσα τυγχάνει, τοτηνικαῦτ' ἤδη προσφέρειν δι' ὧν μέλλεις γνώσεσθαι ἠμὲν κακὸν ἠδὲ καὶ ἐσθλόν. νῦν μὲν γὰρ οὐκ ἄν μοι δοκῇς δυνηθῆναι.

ΑΛ. Ἀφαιρείτω, εἴτε βούλεται, τὴν ἀχλὺν, εἴτε ἄλλό τι. ὡς ἐγὼ παρεσκεύασμαι μηδὲν ἄν φεύγειν τῶν ὑπ' ἐκείνου προστατῖομένων, ὅστις ποτ' ἐστὶν ὁ ἄνθρωπος. εἴγε μέλλοιμι βελτίων γενέσθαι.

ΣΩ. Ἀλλὰ μὴν κἀκεῖνος θαυμαστὴν ὅσην περὶ σε προθυμίαν ἔχει.

ΑΛ. Εἰς τότε τοίνυν καὶ τὴν θυσίαν ἀναβάλλεσθαι κράτιστον εἶναί μοι δοκεῖ.

ΣΩ. Καὶ ὀρθῶς γε σοὶ δοκεῖ. ἀσφαλέστερον γάρ ἐστιν ἢ παρακινδυνεύειν τοσοῦτον κίνδυνον.

ΑΛ. Ἀλλὰ πῶς, ὦ Σώκρατες; καὶ μὴν τουτονὶ τὸν στέφανον, ἐπειδή μοι δοκεῖς καλῶς συμβεβουλευκέναι, σοὶ περιθήσω· τοῖς θεοῖς δὲ καὶ στεφά-

Φάνης καὶ τἄλλα πάντα τὰ νομιζόμενα τότε δώσομεν, ὅταν ἐκείνην τὴν ἡμέραν ἐλθοῦσαν ἴδω. ἥξει δ' οὐ διὰ μακρᾶ, τούτων θελόντων.

ΣΩ. Ἀλλὰ δέχομαι καὶ τοῦτο, καὶ ἄλλο δὲ ἄν τι τῶν παρὰ σοῦ δοθέντων ἡδέως ἴδοιμι δεξάμενον ἐμαυτόν. ὥσπερ δὲ καὶ ὁ Κρέων Εὐριπίδη πεποίηται τὸν Τειρεσίαν ἰδὼν ἔχοντα τὰ στέφη, καὶ ἀκούσας ἀπὸ τῶν πολεμίων ἀπαρχὰς αὐτὸν εἰληφέναι, διὰ τὴν τέχνην, Οἰωνὸν ἐθέμην, φησὶ, καλλίνικα στέφη· ἐν γὰρ κλύδωνι διακείμεθα, ὥσπερ οἶσθα σύ· οὕτω δὲ κἀγὼ παρὰ σοῦ τὴν δόξαν ταύτην οἰωνὸν τίθεμαι. δοκῶ δέ μοι οὐκ ἐν ἐλάττονι κλύδωνι τοῦ Κρέοντος εἶναι, καὶ βουλοίμην ἂν καλλίνικος γενέσθαι τῶν σῶν ἐραστῶν.

ERKLÄRENDE
UND
CRITISCHE
ANMERKUNGEN.

I.
EINIGE ERLÄUTERNDE ANMERKUNGEN.

C. 1. Τὸν θεόν. Dieſer ὁ θεός iſt wahrſcheinlich *Jupiter*, der vorzugsweiſe ὁ θεός genannt wird. Man müſste denn annehmen: Platon fingire, daſs Alcibiades dem Socrates in der Nähe eines Tempels begegnet ſey, dann wäre der ὁ θεός, *die* Gottheit, welcher dieſer Tempel gehörte. Der ſel. *Gottleber* nimmt, wie es mir ſcheint, ohne Grund an, daſs Platon den Apollo meine. Animadverſ. in Platon. Phædon. S. 139. Doch vielleicht hat der Philoſoph ſelbſt keine beſtimmte Gottheit gedacht.

φαινει. Alcibiades hatte, was feine Antwort deutlich zeigt, *jezt* keine ernfthafte und wichtige Gedanken gehabt, folglich war feine Miene auch nicht ernfthaft und nachdenkend, vielmehr leichtfinnig. Doch hält ihm Socrates keine Strafrede darüber, vielmehr ftellt fich der feine Attiker, als fände er feine Miene ernfthaft und nachdenkend, um ihn fo fanft auf feinen Fehler aufmerkfam zu machen. εν τη εξει, *in der Stimmung.* εξις bedeutet 1) den jedesmaligen Zuftand des Menfchen, in Hinficht auf feine Gefundheit, Temperament, Glücksgüter u. f. f. Aefchin. Socr. II. 39. ἡ του ὑγιαινοντος ἑξις κρειτων ἐστι της του καμνοντος. 2) εξις της ψυχης, *habitudo animi*, den würklichen Zuftand der Seele, d. i. die uns *willkührlich* eigen gewordene oder gemachte Art und Fertigkeit zu denken und zu händeln. Ariftotel. de Morib. II. 4. ἑξεις, καθ' ἁς προς τα παθη εχωμεν ευ ἡ κακως und nachher, die αρεται, find keine παθη, *Affekten;* keine δυναμεις, *unwillkührliche Seelenwirkungen,* fondern ἑξεις, Fertigkeiten der Seele. 3) Die *Stimmung*, *Laune*, welche Bedeutung hier ftatt hat.

αυτικα. 1) fo gleich. 2) zum Beifpiele. Beweisftellen für diefen Sprachgebrauch. S. beim Koen zum Gregor. de Dial. p. 194. Urfprünglich fcheint man vollftändig gefagt zu haben: ὡς αυτικα ἐστιν ἰδειν, *wie man gleich fehen*

fehen kann: Denn Beifpiele find in der That unter allen Arten der Beweife diejenigen, deren Richtigkeit man, da fie Erfahrungen enthalten, fo gleich einfehen kann. So fagte man: ὡς εμοι δοκει, und dann verkürzt: εμοι δοκει. So Gregor. de Dial. p. 44. τουτου μυρια παραδειγματα εϛιν ευρειν. αυτικα ιϛιν εν τη τριτη f. *fogleich im dritten Buche, oder, z. B. im dritten Buche.*

Οιδιπουν. Oedipus, König von Theben, heirathete unwiffend feine Mutter. Er erfährt fein Unglück und reifst im erften Anfall des Schmerzens fich felbft die Augen aus. Seine Söhne hielten ihn eingefchloffen, da fie, nach dem Aberglauben jener Zeiten (S. Sophocl. Oedip. v. 1428.) fürchteten, durch feinen Anblick die Sonne zu beleidigen. Euripid. Phœn. Nach andern verjagten fie ihn fo gar aus Theben. Hierüber aufgebracht fluchte ihnen der unglückliche König, nach Euripid. Phœn. v. 68.

Θηκτω σιδηρω δωμα διαλαχειν τοδε.

Dafs Platon gerade diefen Vers des Euripides vor Augen gehabt habe, läfst fich gar nicht behaupten, da die Gefchichte des Oedipus fo vielfältig in epifchen, tragifchen und andern Gedichten bearbeitet worden ift, diefer Fluch alfo auch immer, wie natürlich, auf eine befondere Art vom Dichter gefafst war. Man fehe nur aus Valkenaers

naers Note 'ein Beifpiel. Antimachus hatte ihn fo gefafst :

ὡς ουχ οἱ πατρωα γ᾽ ενι φιλοτῆτι δασαιντο,
αμφετεροισι δ᾽ αἰει εἰεν πολεμοι τε μαχαι τε.

εκ τούτων αλλα πολλα και δεινα. Der Streit der Brüder veranlafste nämlich den berühmten Zug der fieben verbündeten Fürften wider Theben (των ἑπτα ἐπι Θηβαις). In diefem blieben diefe Fürften, und die beiden Brüder tödteten fich im Zweikampf. Ihrer Väter Tod zu rächen fingen jener Fürften Söhne, die fo benannten, Επιγονοι, einen neuen Krieg an, in dem Theben erobert wurde. —

C. 2. μαινεσθαι. Jeder, deffen Seele würklich oder doch beinahe ekftafirt, alfo der Rafende, der Unfinnige, der Wahnfinnige, der Schwärmer, der Begeifterte, der heftige Liebhaber, und überhaupt jeder, in dem nicht die Vernunft, fondern der Affect, die Leidenfchaft herfchend ift, μαινεται. σωφρονειν. Der φρονιμος, der *kluge*, *vernünftige* Mann, welcher, (nach Platons Erklärung, unten S. 29.) was er fo wohl gegen die Götter als Menfchen (*und fich felbft*, hätte er hinzufetzen follen) fagen und thun foll, *weifs*, σωφρονει, *handelt vernünftig*, wenn er fich diefer Erkenntnifs gemäfs gegen Gott, die Menfchen und fich felbft beträgt, und feine Begierden alfo nach diefem fen Gefezzen ſtets regieret, (*moderatur*) und mäſsiget. Dieſe Tugend, die σωφροσύνη⬤der Römer *moderatio, temperantia, modeſtia*, begreift alſo die Haupttugenden, die *Frömmigkeit*, die *Menſchenliebe*, und *vernünftige Selbſtliebe*. Ihr *Grund* iſt die φρόνησις, *das Erkenntniſs des Guten*. Daher dieſer Begrif oft als Nebenbegrif in σωφροσυνη liegt, wie in dieſem Dialog, und dann überſezt man es wohl am beſten durch *Weisheit*, *vernünftiges Betragen*. Doch gewöhnlicher iſt σωφροσυνη, die Fertigkeit, ſeine Begierden nach den Geſetzen der φρόνησις beherſchen zu können und die wirkliche Anwendung derſelben. Ariſtotel. Rhet. I. p. 44. ed. Lipſ. Σωφροσυνη αρετη, δι' ἡν προς τας ἡδονας του σωματος ουτως εχουσιν, ως ὁ νόμος (Geſez war den Alten, was uns Bibel, oder Moral) κελεύει. Noch will ich die Erklärung des Hrn. Prof. Garve hinzufügen: Anmerkungen zum Cicero v. d. Pflichteu S. 63. die *Klugheit*, φρόνησις, erfordert, um richtig angewandt zu werden, *Beſonnenheit*, *Ruhe* und *Freiheit der Seele*, mit einem Worte, alles was die Griechen, unter dem Worte σωφροσυνη zuſammengefaſst und die Lateiner ſchlechtweg durch *moderatio* ausgedruckt haben.

Ουκουν μεμνησαι ſ. Socrates wiederholet nun eine Reihe von Fragen, welche er an den Alcibiades kurz vorher gethan, und
die-

dieſer zugeſtanden hatte. Solche Wiederholungen, welche in jedem andern Werke eine unnütze Weitſchweifigkeit ſeyn würden, ſind in den platoniſch-ſocratiſchen Dialogen nicht ſelten, und zweckmäſsig. Eingeführt werden ſie, wenn, wie an dieſer Stelle, der zu Belehrende darauf geführt werden ſoll, daſs in ſeinen vorherigen Ideen noch etwas Falſches ſey, oder auch, weil *würkliche* Ueberzeugung der Hauptzweck des platoniſchen Dialogs iſt, dann, wenn aus dieſen Sätzen eine neue, dem andern vielleicht unerwartete Folgerung abgezogen werden ſoll, damit er durch die wiederholte Vorführung der als wahr anerkannten Sätze überzeugt werde, daſs er nicht durch Sophiſtiſche Ränke irre geführt, jezt Folgerungen als richtig annehmen müſſe, die doch nur erſchlichen waren.

αυτικα των. f. Hier iſt ein Anacoluthon. Er wollte ſagen: αυτικα ει-οντες-τουτους δη συ μαινομενους καλεις. Durch die eingeſchobene Anmerkung, επει φερε fällt er aus der Conſtruction, und hängt daher das: ούς δη f. ohne grammattiſche Verbindung an. Solche Anacolutha ſind im *würklichem* Dialog häufig, und daher auch in den ſocratiſchen Dialog aufgenommen.

και απερ ειωθασιν οι μαινομενοι διαπραττεσθαι, (πασχοντας), δικην δεδωκεναι. Zur Ver-

Verständlichkeit muſs man dies πασχοντας wenigſtens in Gedanken einſchieben; und vielleicht fehlt es nur durch die Schuld der Abſchreiber.

Alcibiades hatte vorhin geirrt, indem er vom *allgemeinen aufs beſondere, a majori ad minus* ſchloſs. Auf dieſen Irrthum will ihn Socrates aufmerkſam machen. — Du giebſt mir zu, daſs in unſer Stadt viele αφρονες ſind: wären nun alle dieſe αφρονες auch μαινομενοι, was du auch behaupteſt, und lebten wir alſo unter vielen μαινομενοις, ſo müſsten wir das längſt empfunden haben. Wir würden nämlich geprügelt, geſtoſſen u. ſ. f. ſeyn. Nun iſt das nicht geſchehen, geſchieht auch jezt nicht; alſo kann auch deine Behauptung nicht richtig ſeyn. Daſs er falſch gefolgert habe begreift Alcibiades, aber er ſieht nicht ein, *wie* dies zugegangen ſeyn.

C. 3. συν τε δυο σκεπτομενω. Platon macht ſich mit einer kleinen Veränderung einen bekannten Vers des Homer aus Ilias X. 224. eigen. Diomed, der ins trojaniſche Lager gehen will, verlangt noch einen Gefährten, weil, wenn zwei zuſammen giengén, ſie gewiſs eher auf die beſten Gedanken fielen. συν τε δυ' ερχομενω, ſagt er, και τε προ ὁ, του ενοησεν, ὁπτως κερδος ει. — Vergl.

die Anmerkungen des Hrn. Prof. Wolfs zum Sympof. p. 8.

η ου; nämlich υπολαμβανομεν; oder, η ου ούτως εχει. Eben fo: η γαρ;

οι δε - οι μεν - οι δε. Eine bei den Attikern nicht ganz feltene Conftruction für: των δε βουλομενων - κατονομαζειν, οι μεν - οι δε. Gerade fo ift unten. p. 28. οι μεν γαρ αλλοι Ελληνες, οι μεν -- ετεροι δε für των αλλων Ελληνων -- οι μεν -- οι δε. Herr Oberk. Gedikens vorgefchlagene Verbefferung, (S. deff. Ueberfetzung S. 266.) in τους μεν -- τους δε, kann alfo nicht ftatt finden. μεγαλοψυχους. Ariftoteles *Rhetor.* I. p. 44. erklärt μεγαλοψυχια durch αρετη μεγαλων πρηητικη ευεργηματων. Offenbar meinet Plato die falfchen μεγαλυψυχους, die auf eine *falfche* Größe ihre Seelenkraft verfchwenden, unfere *Kraft-Männer* und *Kraft-Genies*, wie es Herr Gedike glücklich verdeutfcht hat. ευηθεις, *fimple, einfältige* Menfchen. ακακους, *gute Seelen*, απειρους Menfchen, *die noch keine Erfahrung haben;* εννεους, *die nicht viel reden, Menfchen von wenig Worten.*

C. 4. S. 10. ωσπερ ουδ' ηυχετο, ουδ' ωετο. d. i. ωσπερ ουδ' ηυχετο καλα, ουδ' ωετο καλα ευχεσθαι; er, fo wie er fich denn nichts Gutes erbat, glaubte auch nicht, dafs er fich etwas Gutes erbäte. Andere aber, fährt Plato fort, glauben dagegen fich etwas Gutes zu erbitten, und erflehn grade ihr Unglück.

Daſ. εγω μεν γαρ οιμαι f. Socrates hätte eigentlich sagen sollen: So etwas könnte auch dir begegnen. Dein *Stolz* könnte dich verleiten die Herrschaft von Europa und Asien, als ein Glück zu erflehn, was es doch nicht seyn würde. Dafür sagt er mit Feinheit und Schonung; du würdest *vielleicht*, wenn dir Gott die Herrschaft von Europa *anböte*, sie mit Freuden als dein Glück annehmen. — Daſs Alcibiades unbeschränkter Ehrgeiz solche Wünsche nicht zu kühn fand, sieht man aus dem ersten Alcibiades.

και ταυτο μη μονον -- εςιν. Der Sinn ist offenbar, wenn er dir nicht nur dieſs verspräche, *sondern auch*, daſs, wenn du es wolltest, es noch heute alle auch wiſſen sollten, du seyst Herr von Europa. Dann aber fehlt, nach meiner Einsicht αλλα και, oder wenigstens αλλ' vor αυθημερον. Denn in der Redensart ου μονον — αλλα και fehlet, so viel ich weiſs, das αλλα και, oder αλλ' niemals, wenn es auch Fälle giebt, wo man das μονον wegläſſet.

C. 5. S. 11. χθιζα τε και πρωϊζα, gestern und ehegestern, eine sprichwörtliche Redensart der ältesten Welt, für: vorhin, vormals. Eine Redensart, die wie alle Zeitbebeſtimmung jener Menſchen, höchſt unbeſtimmt iſt. In Homer, bei dem ſie zuerſt vorkommt, bedeutet dies Geſtern und Ehegeſtern *neun* volle Jahre. Ilias II. 303. Im Herodot. II. 53. gar vor *vierhundert* Jahren. Auch findet man es von kurzer Zeit. Ariſtoph. Fröſche 726. Sophocl. Antig. 456. ου γαρ τι νυν καχθες, αλλ' αει ποτε — —

Αρχελαος. Archelaus, König von Macedonien, der unter den Griechen durch ſeine Neigung zur Gelehrſamkeit bekannt iſt, wurde Ol. XCV. 1. von ſeinem Liebling auf der Jagd, nach dem Diodor ohne Vorſaz, nach Ariſtoteles (Polit. V. 10.) und Platon abſichtlich, getödtet. Diodor. XIV. c. 37. p. 671. ed. Weſſ. Platon begeht hier wieder einen Anachroniſmus. Denn in eben dieſes Jahr fällt Socrates Hinrichtung. S. Diod. l. c. p. 672. Dieſer Anachroniſmus wird noch auffallender, wenn man ſich erinnert, daſs dieſe Unterredung in die Jugendzeit des Alcibiades gehört, da er ſich noch mit keinen Staatsgeſchäften befaſste, alſo wenigſtens vor Ol. LXXXIX. 4. (S. Thucyd. V. 43. Valken. ad Herod. VIII. 17. p. 627.) und 40 und mehrere Jahre vor Archelaus Tode gehalten wurde. Auch dieſes Beiſpiel beſtätigt die ſcharfſinnige Bemerkung des Hrn. Prof. Wolfs, daſs Platon es gar nicht zur Abſicht gehabt habe, der hiſtoſtoriſchen Wahrheit treu zu bleiben. S. die Einleitung zu Platons Symp. p. LI.

τα παιδικα. Dieſer hieſs Κρατευας, oder wie ihn andere ſchreiben Κρατερος.

S. 13. εγω μεν ουν f. Eine Anwendung der homeriſchen Verſe, aus der Odyſſ. I. 32. Jupiter aufgebracht, daſs Aegiſthus ſeinen Warnungen keine Folge hatte leiſten wollen, und ſich dadurch jezt den Tod zugezogen hatte, ruft:

Ω ποποι! οιον δη νυν θεους βροτοι αιτιοωνται!
εξ ημεων γαρ φασι κακ' εμμεναι. οι δε κ'
αυτοι
σφησιν ατασθαλιησιν υπερ μορον αλγε' εχουσιν.

C. 6. S. 15. Ορεςην και τον Αλκμαιωνα. Oreſt tödtete ſeine Mutter Clytamneſtra, weil ſie ſeinen Vater Agamemnon getödtet hatte: Alcmaeon, Amphiaraus Sohn, ſeine Mutter Eriphyle, weil ſie ihren Gemahl, der den Feldzug wider Theben nicht mitmachen wollte, weil er ſeinen Tod vorausſahe, für ein Halsband verrieth.

C. 10. S. 22. ὁρας ουν: ὁτε εφην - ἀρ' ουχι τω οντι εφαινομην ορθως λεγων. iſt ebenfals ein Anacolauthon, für ὁρας -- εμε ορθως φαινεσθαι λεγειν; ſo daſs ἀρ' ουχι ganz wegfiele. Doch dünkt mich man müſſe ὁρα leſen. *Gib nun Acht ob ich nicht richtig ſprach etc.* Dies paſst

paſst zu dem, dem Socrates eigenen beſcheidnen Ton beſſer.

S. 20. ὁσωπερ — επαρισῃ. S. Die critiſchen Anmerkungen zu dieſer Stelle, ſo wie unten bei βιον θεων.

Ebend. το του ποιητου. Der ὁ ποιητης iſt nach einem bekannten Sprachgebrauch, *Homer*. Wenn der Artikel vor einem Subſtantiv, welches einen Gattungsbegrif enthält, ſteht, ſo bezeichnet er ein *beſtimmtes, und dem andern ſchon bekanntes Individuum der* Gattung an. Daher bildete ſich jener Sprachgebrauch, daſs man Männer, welche ſich in ihrem Fache einen ſo ausgebreiteten Ruhm erworben haben, daſs ſie jederman kennet, bloſs durch das Appellativum und den vorgeſezten Artikel bezeichnet. So iſt ὁ γεωγραφος, Strabo. ὁ περιηγητης, Dionyſs. S. Viger de Idiot. S. 18. So wir: die Schrift, der Pſalmiſt. --

ὁ λεγει f. Platon entlehnt, wie er gleich ſelbſt ſagt, einen Vers aus einem alten Gedichte Μαργιτης, das man dem Homer beilegte. In dieſem Gedichte wurde ein *Margites* als ein ganz dummer Menſch aufgeführt, ſo daſs ſein Nahme das Prædikat der Dumköpfe geworden iſt. Herr Waſſenbergh ſucht den Vers auf dieſe Art wiederherzuſtellen: (S. deſſelb. Homer. Iliad. Libr. p. 12. der Anmerkungen.)

πολλα μεν ηδεεν εργα, κακως δε μαλ ηδεε παν]α.

Noch

Noch verdienet ein anderes Fragment diefes Gedichts hier zu ftehn. (S. Waffenb. l. c. S. 11.)

τον δ' ουτ' αρ' σκαπτηρα θεοι θεσαν, ουτ' αρο-
τηρα,
ουτ' αλλως τι σοφον πασης δ' ημαρτανε τεχνης.

Der Sinn des obigen Verfes kann kein anderer feyn, als diefer: *Der Menfch glaubte vieles zu wiffen, und wufste doch nichts recht,* (denn öfterer bedeuten Verba activa, nicht die würkliche Ausführung, fondern nur *den Verfuch*; und Neutra nur die *Vorftellung*, dafs man etwas habe, oder empfinde, wie hier ειδεναι.) So beweifet, was Alcibiades auch erkläret, diefer Vers nicht, was er follte, nämlich, dafs *Wiffen oft fchädlich werde*: damit aber Platon ihn als Beweifs gebrauchen könne, läfst er (S. 24.) den Socrates behaupten, der Dichter habe fich räthfelhaft ausgedrückt, und bringt durch eine gewaltfame, dem Sprachgebrauch ganz widerftreitende, Verdrehung, diefen Sinn heraus: *Er wufste vieles, aber diefs Wiffen war fein Unglück.* Er erkläret nämlich ητιςατο παντα κακως für εις κακον, *zu feinem Schaden.* Dafs Platon den Vers würklich fo verftanden habe, ift nicht wahrfcheinlich. Denn *für ihn,* (diefs find die Worte meines Freundes Hrn. Prof. Wolfs zum Symp. p. 8. Anm. 5.) *der fo gern die Sprache der Dichter, vorzüglich des Homer,*

ein-

einwebt, und zu feiner Abficht, felten im Geift ihrer Verfaffer, applicirt, war es genung, daſs Homer fo hätte fagen können.

C. 11. S. 25. ἀλλὰ, φερε προς Διος - ει νυν σοι γε τι και νυν f. — So muſs man verbinden, und die Zwifchenfätze von ορας γαρ — bis δοκειν als eine Parenthefe annehmen. Der fel. Gottleber, welcher, wie es fcheint, auf diefe Verbindung nicht fiel, wollte nach Διος einfchieben επισκεψωμεθα oder ein ähnlich bedeutendes Wort.

Dafelbſt S. 26. unten. τους ουν Αθηναιους αγανακτουντας — απορουμενους find Accufativi abfoluti. Man S. Dorville zum Chariton S. 593. d. Leipz. Ausg. Strabo I. p. 67. A. Την Αραβιαν, ην ευδαιμονα προσαγορευουσιν οἱ νυν, τοτε δ' ουκ ην πλουσια.

Daf. S. 27. πλεισας — θυσιας αγομεν. Xenophon. de Rep. Athen. III. 3. 2. beſtätigt diefs: εορτασαι εορτας, οσας ουδεμια των Ἑλληνιδων πολεων. Memorab. Socr. III. 3. 12. ὁταν γε χορος εκ τησδε πολεως γιγνεται, ὡσπερ ὁ εις Δηλον πεμπομενος, ουδεις αλλοθεν τουτω εφαμιλλος γιγνεται. — Diefe forgfältige Verehrung der Götter in Athen rühmen die Dichter öfters, auch Paulus in der bekannten Stelle Apoſtelgef. XVII. 23.

Daf. ὡςε και απατηρα θυουσιν. Dies möchte Plato wohl nicht beweifen können. Denn

Denn *schadhafte* Thiere hat wohl nie ein einzelner Mensch, geschweige denn ein Staat geopfert.

C. 13. Ερδειν f. Diese Verse, welche in den bisher verglichenen Handschriften und Ausgaben Homers fehlten, sind von Barnes Ilias VIII. 548. in den Text aufgenommen worden, wo sie mir aber nicht an ihrer Stelle zu stehn scheinen.

Das. S. 23. οιον κακον τοκιςην. Die Gottheit sagt Socrates gleicht keinem wucherhaften Capitalisten, der nur dem leihet, von dem er es mit Wucher wieder empfängt, und nur dann, wenn man ihn zuvor mit Geschenken, oder doch durch Hofnung eines grossen Vortheils gewonnen hat. Diese Vergleichung dünkt mir treffend und gut. — Herr Oberk. Gedike will für τοκιςην lesen δικαςην, welche Vermuthung er in seine Uebersetzung aufgenommen hat. S. p. 290.

C. 14. S. 31. Ομηρος. f. Eine abermalige Anwendung eines Homerischen Verses aus Ilias V. 127. Diomedes will von neuen in die Schlacht, in welcher selbst Götter für die Trojaner fochten. Ein Nebel, der diese umgab, entzog sie dem Auge der Sterblichen. Diesen Nebel verspricht Minerva vor den Augen des Diomedes zu vertreiben, damit er nun Götter und Menschen unterscheiden könne.

D S. 31.

S. 31. unten. ἀλλα πως; nämlich, πρατ-
τοιμι. Aber wie soll ichs nun machen, da
ich mich einmal zum Opfer angeschickt
hatte. — Bald besinnt sich Alcibiades, dass
er von dem Kranze keine bessere Anwen-
dung machen könne, als wenn er ihn dem
Socrates auffetze.

S. 32. Τηρεσιαν. S. Euripid. Phoen 865.
Tiresias sagt zum Kreon, dem Thebaner:
Ich komme so eben von Athen zurück;
durch mich siegten die Athener über den
Eumolpus, und siehe diese goldne Krone
ist der Erstling der Beute. Diese Erwäh-
nung der Siegerkrone war, nach dem Ideen
des Alterthums, für die Thebaner, deren
Stadt jezt die Argiven belagerten, eine θεια
φημη, oder ομφη, *eine Stimme Gottes*, die
ihnen *Sieg* verkündigte. Daher ruft Creon
so gleich freudig aus: Ha! das ist Gottes-
stimme, die uns den Sieg verkündigt.

Οιωνον εθεμην καλλινικα τα στεφη.
εν γαρ κλυδωνι κειμεθ', ως οισθα συ.

II.

Einige critische Anmerkungen.

Bei dem Abdruck dieses Dialogs bin ich
der Ausgabe des Stephanus, so wie sie die
Herren Zweybrücker geliefert haben, ge-
folgt. Die wenigen Veränderungen, die
ich

ich darin vorgenommen habe, will ich hier angeben, und so gut ichs kann, rechtfertigen. Dabei werde ich dann manches allein für meine jungen Leser sagen müssen, um ihnen die Ursachen der Veränderungen begreiflich zu machen.

S. 1. Z. 2. πορεύει, und Z. 4. φαίνει. Diese ächte attische Schreibart der zweiten Person des Passivum im Indicativo glaubte ich ohne Bedenken für πορευῃ und φαίνῃ aufnehmen zu können, weil es die gröfsten Kritiker gethan haben, (M. s. Valkenaer zu d. Euripides Phoeniss. p. 216.) und weil nach der Sprache der Critiker, sciunt pueri, qui nondum aere lavantur, ει & η perpetuo a librariis commutata fuisse. v. Brunck ad Aristoph. Lysistr. p. 51.

S. 4. Z. 3. ὅπως μη λήσεται. für das bisherige λήσῃ.. Denn wenn gleich Daves (Miscell. crit. p. 222.) mit Valkenaers Beifall (S. dessen Comment. zu Eurip. Hippol. S. 224, 1. A.) behauptet, dafs ὅπως μη, sowohl mit dem Conjunct. des Aoristi, als auch dem Indicat. futuri verbunden werden könne, so halte ich mich doch überzeugt, dafs die Wahrheit auf Hrn. von Bruncks Seite sey, der behauptet, dafs ὅπως μη beständig mit dem Indic. futuri construirt werde. S. zu Aristoph. Aves. v. 140. Zwar lassen sich für den Conjunctiv. Aor. aus den

D 2 besten

beſten Ausgaben viele Stellen auftreiben;
aber es iſt auch eben ſo gewiſs, daſs alle
dieſe Stellen nichts beweiſen, da in den
Handſchriften guten Gehalts oft die beſſere
Variante ſich nachher findet. So leſen in
Xenoph. Cyrop. II. 4. 31. alle vorhergehen-
de Ausgaben und Handſchriften ὅπως μη--
ατιης. Die Handſchrift des Camerarius ει-
σῃς, die Wolfenbüttelſche aber richtig ωσεις. --
Nun müſste auch Z. 5. für τυχωσιν es heiſ-
ſen τυχουσιν, weil es auch von jenen Parti-
keln abhängt.

Daſ. Z. 4. habe ich das μεν nach Hrn.
Prof. Schneiders Vorſchlage aufgenommen.
Denn S. 25. Z. 4. von unten ſteht es; auch
darf es nicht fehlen.

Daſ. Z. 8. τους υιεις. Faſt hätte ich υιεας
drucken laſſen. Denn es flectirten die reinen
Attiker den Accuſat. der Nom. auf ευς in εα
und εας. S. Thomas Mag. in ἑρμηνεας und
andere Grammatiker. Zwar ſagt eben die-
ſer Atticiſt, oder vielleicht ein ihm unter-
geſchobenes Scholion (in υιεα) attiſch ſeyn:
υιεας und υιεις: Aber dieſs beweiſet nichts
mehr, als daſs der Urheber jener Anmer-
kung ſich durch Fehler der Abſchreiber zu
einer falſchen Bemerkung verführen lieſs.
So las in Xenoph. Cyropd. l. 1. 2. der Gram-
matiker Helladius νομεις, das nach Hrn. Prof.
Zeune Urtheil durch die Schuld eines Ab-
ſchrei-

fchreibers entſtanden ſeyn muſs, weil er in den übrigen Fällen die Endung εας gebraucht hat, und ſicher einer ſolchen Unregelmäſsigkeit nicht fähig war.

Daſ. Z. 9. habe ich ουν, nach Stephanus Vermuthung aufgenommen, weil eine Verbindungs-Partikel hier fehlte.

S. 5. Z. 8. Für οὐκοῦν habe ich geſchrieben: οὔκουν, um es dadurch von dem οὐκοῦν, welches in Frageſätzen, die eine Folgerung enthalten, gebraucht wird, zu unterſcheiden, wie man es in ἆρα, und ἄρα thut. Doch jezt gereuet es mich, weil man es nun mit der Negation οὔκουν verwechſeln könnte.

S. 6. 10. πως δυο - ἑνι πραγματι ειη d. i. πως ἑν πραγμα ἐχοι δυο. Doch hieſſe es nach dem Sprachgebrauch wohl richtiger ἐνειη.

S. 7. Z. 1. Das unrichtige οιη habe ich geändert in οιει. Denn nach dem Zeugniſs des Scholions zu Ariſtoph. Plut. v. 40. ſchrieb man ſo gar εν κοινη διαλεκτω, βουλει, οιει οψει im Indicativ. Vergl. oben die erſte Anmerkung.

Daſ. Z. 3. Sollte man nicht nach και einſchieben müſſen πασχοντας d. i. και (ταυτα) πασχοντας, απερ ſ.? Hineingedacht muſs es wenigſtens werden.

S. 8. Z. 13. Das fehlerhafte δη iſt in δε verändert worden, nach der Verbeſſerung des Stephanus.

S. 9. Z. 1. Für συμπαντες lese man ξυμπαντες. Bekanntlich sagte man im attischen häufig ξυν für συν. Das mag vielleicht nicht in jedem Zeitalter, auch nicht in jedem Worte geschehn seyn. Aber daſs ein Schriftſteller, wie Plato, daſſelbe Wort ſollte verſchieden, alſo bald ξυμπαντες bald συμπαντες geſchrieben habeh, iſt gar nicht glaublich. Ich habe daher dies Wort ſtets gleichförmig geſchrieben. Man vergl. die Bemerkungen des Herrn Prof. Wolf zum Sympoſ. p. XVII. Ferner ſchlug Stephanus vor, nach ανδριαντοποιοι ein Comma zuſetzen, und οι zuſchreiben, ſo daſs es nicht der Artikel, ſondern das Relativum iſt. Dieſer Vorſchlag muſs angenommen, oder οἱ ξυμπαντες δε gelesen werden.

Daſ. Z. 15. Iſt aus Verſehn ουκουν für ουκουν ſtehn geblieben.

S. 10. Z. 5. και λεγοντες και πραττοντες. So verbeſſerte Herr Prof. Schneider für λεγοντας και πραττοντας Jenes erfordert der Sprachgebrauch; und ſo findet man es auch. S. 4. und 14.

Daſelbſt Z. 3. von unten. Vor αυθημερον muſs αλλα και oder wenigſtens αλλ' eingerückt werden, wegen des vorhergehenden εν μονον. S. die erklärend. Anmerk.

S. 11. Z. 8. μηδεν. In den Ausgaben ſtand hier und öfters μηθεν, auch ουθεν. Aber

Aber nach dem Zeugnifs des Phrynichs, in Eclog. attic. p. 76. ed. Paw. fchrieb nur die Schule Chryfips ουθεις. Auch Thomas Magifter verwirft das ουθεις, und da man ungleich öfterer ουδεις und μηδεις bei den beften Attikern findet, fo leidet es wohl keinen Zweifel, dafs nicht diefs die ächte Schreibart feyn follte.

Daf. Z. 14. δεχεσθαι. Vorhin las man: δεχεσθαι σε, vermuthlich, weil man glaubte, dafs Socrates dies vom Alcibiades fage. Aber die Folge lehrt, dafs er im Allgemeinen rede. Herr Prof. Schneider verwarf es alfo mit Recht. Gleich darauf will eben diefer Gelehrte ει μελλοι fchreiben. Allein wenn ει mit dem Indicativ verbunden wird, erhält der Ausdruck mehr Beftimmtheit, fo dafs ich es überfetzen kann: wenn nun jemand dadurch *würklich* unglücklich *wird*. Wäre es mit dem Optativ verbunden, fo müfste es heiffen; wenn jemand dadurch unglücklich werden *follte?*

Daf. in der lezten Zeile; habe ich ebenfals ουδεν für ουθεν gefezt.

S. 14. Z. 4. Ζευ -- διδου -- δεινα απαλεξειν κελευει. Ich weifs wohl, dafs es, und befonders beim Plato, üblich ift, dafs die Worte eines andern theils *erzählet* werden, und in den übrigen der andere *felbft redend* eingeführet wird. Doch, fo viel ich mich befinne nur in diefer Ordnung, und nicht wie an unserer Stelle umgekehrt. Homer. Ilias IX. 680.

και δ' αν τοις αλλοισι εφη παραμυθησασθαι,
οικαδ' αποπλεειν. επει ουκετι δηετε τεκμωρ Ιλιου αιπεινης. f.

Auch Platon Sympof. C. 11. am Ende. και εμε εφη απονιζειν, ινα που κατακεοιτο. — Ich zweifle alſo nicht, daſs κελευει vom Rande, wohin es zur Erklärung des Infinitiv απαλεξειν geſchrieben war, in den Text gekommen, oder auch aus der andern Stelle S. 26. Z. 3. entlehnt ſey.

S. 15. Z. 4. für γινωσκειν ſollte es heiſſen γιγνωσκειν. Denn ſo ſchrieben die alten Attiker zu denen Plato gehöret. S. Hr. von Brunk zu Ariſtoph. Ran. 52.

S. 16. Z. 13. ουδεν. Stephanus ουθεν.

Daſ. Z. 19. für δοκη lieſst man dem Sprachgebrauch gemäſs mit Herrn Prof. Schneider beſſer δοκει.

S. 17. Z. 2. für ουκοῦν habe ich hier ebenfals geſchrieben ουκουν. Ferner αιει das bei Dichtern für αει ſteht, habe ich beibehalten, weil ich es öfters im Platon. in den Tragikern und den Ariſtophanes und zwar im Dialog finde. Herr Prof. Zeune hat es in Xenoph. Cyropd. auch wider die Handſchriften und alten Ausgaben verworfen. Allein bei den Attikern findet man öfterer Flexionen und Worte, die ſonſt nur bei Dich-

Dichtern, befonders den älteften, gewöhnlich find.

Für εγχειρεις - αγνοεις - μελλεις wollte Stephanus den Optativ aufnehmen. Ohne Grund. S. zu S. 10. Z. 14.

S. 18. Z. 7. Vorhin lafs man: η τω οντι ειδεναι τουτο ό αν προχειροτερως μελλωμεν τι η λεγειν. Die aufgenomne Lefeart ift von Hrn. Prof. Schneider.

Daf. Z. 9. ουκουν. Stephanus ουκουν.

S. 19. Z. 10. ουκουν. Stephanus ουκουν.

S. 20. Z. 13. für αρα habe ich gefchrieben άρα, weil diefes allemal in fragenden Sätzen gebraucht wird.

S. 21. Z. 6. νεμοντα - γιγνομενον der Sinn ift. Jeder wird die Staatsgefchäfte dahin zu leiten fuchen, dafs er in einem Fache feine ganze Gefchicklichkeit zu zeigen Gelegenheit erhalte, und alfo fich felbft übertreffe. Der, welcher fich zum Kriege gefchickt hält, wird zum Kriege rathen, um fich grofs zu machen, follte es auch ganz zur Unzeit feyn. -- κατ' αυτην την τεχνην, nämlich ήν εχει. Herr Oberk. Gedike verbeffert κατ' αυτου την τεχνην. Diefe Lefeart ift deutlicher, aber jene nicht unrichtig.

S. 23. Z. 9. οσωπερ αν μη προτερον επουριση το της ψυχης. Diefe Stelle hat den Herausgebern viele Schwierigkeit gemacht, der fel. Gottleber fezte nach πλειν ein Comma, und erklärte fie fo: und dafs, um defto mehr, je weniger die Seele vorhin nach diefer Wiffenfchaft geftrebt hat. Eine Erklärung, welche allerdings der Sprachgebrauch zuläfst, aber in den Zufammenhang fich, meiner Einficht nach, nicht fchickt. Ich behalte die Interpunction des fel. Gottliebers bei, und erkläre es: *und das um fo vielmehr, je weniger glücklich der Menfch vorhin* (in dem Streben nach Glückfeligkeit) *war*. Denn der, welcher bisher unglücklich war, ftrebt gemeiniglich mit defto gröfferer Heftigkeit nach Glück, und ift alfo, fehlt ihm die Leitung jener Wiffenfchaft, der gröfsten Gefahr ausgefezt. Alfo τοσουτω μαλλον, οσωπερ μη προτερον επουριση (προς το ορθος βιωσασθαι) το της ψυχης d. i. ἡ ψυχη oder οἱ ανθρωποι Herrn Prof. Schneiders Verbefferung diefer Stelle verdient, follte fie auch nicht nothwendig feyn, doch erwähnet zu werden. Die Worte μη προτερον ftreicht er, ganz aus, weil fie auch *Cornar* in einer Handfchrift nicht fand und fie überflüfsig wären. Die übrigen οσωπερ - ψυχης verfetzt er herunter nach τι των τοιουτων. Z. 11. und erklärt es: *je mehr die Leidenfchaft, gleich dem Winde, treibt.* — επουριζειν fagte man 1) vom frifchen günftigen Winde, der in die Segel ftofst. 2) von Schiffen und Menfchen, welche mit einem folchen Winde fahren. 3) metaphorifch von dem, der

glück-

glücklich im Laufe nach seinem Ziel ist. Aristoph. Thesmo. v. 1226. τρεχε νυν, τρεχε νυν, κατα τας κορακας επουρισας. laufe nur, und fahre mit vollem Winde an den Galgen. Euripid. Androm. 610. Du schiftest, wirst Peleus dem Menelaus vor, nach Troja die Helena wiederzuholen. Αλλ' ουτε ταυτη σον Φρονημ' επουρισας. Ψυχας πολλας απωλεσας f. d. i. kein günstiger Wind führte dich dahin.

Das. Z. 6. von unten. χρονον ου μακρον βιον θεων. Dafs diese Worte keinen Sinn geben gestehn die Herausgeber ein. Stephanus verbesserte χρονον ου μακρον βιου θεων, (von θεειν, laufen, segeln). Diese Verbesserung, welcher auch Herr Oberk. Gedike gefolgt ist, scheint mir gut und richtig, wenn man liefet, χρονον ου μακρον και βιον θεων, und nicht lange schiffen wird — χρονος και βιος findet man zuweilen zusammengestellt, wie καρτος und βιη. S. Hr. Wyttenbach zum Plutarch de Sera Num. Vind. p. 57., welcher aber χρονον και βιον erklärt für χρονον του βιου.

S. 24. Z. 6. ξυμπασα. Vorhin lafs man συμπασα 25 - 8. für παυη habe ich das attische παυει aufgenommen. S. oben. p. 50.

Das. Z. 4. von unten οπως μη λησεται. für das falsche, οπως μη λιση. S. oben p. 50.

Das. Z. 2. von unten. αττα αν. Das αν habe ich nach Valkenaers Vorschlage zum Herodot.

rodot. VIII. p. 647. aufgenommen, weil Platon auch in diesem Dialog beide Wörter stets mit einander verbindet.

S. 27. Z. 3. πεμψαντας. In Hrn. Biesters Ausgabe heifst es βλεψαντας. woher diese Lesart ist, oder ob es ein Schreibfehler ist, weifs ich nicht. Sie ist, wenn sie sich gleich vertheidigen läfst, doch nicht besser als die gewöhnliche.

Daf. S. 13. ουδε πωποτε, für Stephanus ουδεποτε. Denn es ist ein zuverläfsiger Canon, dafs die reinschreibenden Attiker ουδεποτε nur mit dem Praesenti und Futuro, dagegen ουδε πωποτε allemal mit dem Praeteritis verbinden. Man sehe Herodian. S. 461. und Piersons Note daselbst. Wann man es anders findet, ist dies der Abschreiber Schuld. Xenoph Hellen. VII. 1. 24. ουδεποτε ϛρατευσαιντο. Allein die von Hrn. von Brunk verglichene Handschrift hat richtiger ουδεπωποτε. S. z. B. Aristophanes Ekklef. v. 384.

S. 28. Z. 2. ξυμπαντα, statt συμπαντα.

S. 29. Z. 4. τοκιϛην. Herr Oberk. Gedike verbessert, δικαϛην. Vergl. die erklärenden Anmerk. z. d. St.

Daf. Z. 13. εχειν αν εκαϛον ετος τελεον. d. i. καθ' εκαϛον ετος. Doch wahrscheinlicher hat Platon, wie Stephanus vermuthete, geschrieben, αν εκαϛον ετος.

S. 30.

S. 30. Z. 5. ὁπως μη λησης, habe ich den angegebenen Grundſaz zufolge geſchrieben für οπως μη λησης ; und gleich darauf nach ευχομενος, wie oben, μεν aufgenommen. Z. 10. aber für ουθεν wieder ουδεν geſezt.

Daſ. Z. 14. τουτο -- ονοματων. Es ſcheinet mir ganz gewiſs, daſs dieſe Worte nicht vom Plato ſind. Sie gehören hier gar nicht her. Socrates wirft dem Alcibiades keine αφροσυνη vor, er ſagt nur: daſs er ihn für zu *ſtolz* halte, als daſs er ſich der Gebetsformeln eines andern bedienen werde. Und hätte er auch dies für eine Art der αφροσυνη gehalten, ſo wäre es hart, wenn Socrates, der den Alcibiades ſo gefliſſentlich aus Schonung nie gerade zu einen αφ ων nennt, dieſs in dieſen noch verzeihlichen Falle, ſo gerade zu thun ſollte. Ich halte jene Worte für eine an den Rand geſchriebene Anmerk. eines Leſers, der die Bemerkung machen wollte, daſs Socrates auch hier ſchonend den Alcibiades nicht αφρων, ſondern μεγαλοψυχος genannt habe, die er aus der obigen Stelle S. 8. nahm.

Verbesserungen.

Seite 3 Z. 8 ließ Διὸς.
— 4 — 5 - τύχουσιν für τύχωσιν und vergl. die zweite crit. Anmerkung.
— — — 8 - für υἱεῖς besser υἱέας. S. d. crit. Anmerkung.
— — — 17 - σοὶ für σοι.
— 6 — 2 von unten setze nach καλεῖς ein Punctum.
— 7 — 6 von unten ließ Ἔμοιγε.
— — ——— in der lezten Zeile μέντοιγε.
— 9 — 1 ließ ξυμπάντες für συμπάντες.
— 12 — 2 für ἐσόμενος ließ ἐσομένος.
— 15 — 4 für γινώσκειν l. γιγνώσκειν. S. die Anm.
— 16 — 9 ἐπίτροπόν.
— — — 19 für δοκη l. δοκεῖ. S. d. Anmerk.
— 17 — 4 von unten streiche das Comma hinter ὂν weg.
— 18 — 6 für ὃ, τι l. ὅ τι.
— 19 — 16 Setze ein Punct nach ἐπιςημῇ.
— 21 — 2 von unten für τῇ ließ τῆ.
— 22 — 7 für οὕτω ließ οὕτω.
— — — 2 von unten ließ βελτίςου.
— 24 — 2 von unten ließ ἐτύγχανεν für ἐτύχθαιν.
— 25 — 5 ὁρᾷς für ὁρᾶς.
— 28 — 6 setze ein Comma nach Ἕλληνες.

HERRN
JOHANN ANDREAS
SUCHFORTH
RECTOR DES GYMNASIUMS
ZU GÖTTINGEN

SEINEM
LEHRER und FREUNDE

WIDMET

DIESE AUSGABE

ZUM ZEICHEN SEINER

DANKBARKEIT, HOCHSCHÄTZUNG
UND LIEBE

DER HERAUSGEBER.

Verzeichnifs der merkwürdigsten Wörter.

A.

αινιττεσθαι, dunkel, räthselhaft, allegorisch sprechen.

ανευκτος, η, ον, nicht bittend.

ανευχεσθαι, was man bat, wieder verbitten.

απαλεξειν τινι κακον das Böse von jemand abwenden.

απαρχη, ή, das erste Geschenk von jeder Sache.

απεργασια, ή, die Würkung.

απορειν keinen Ausweg wissen, 2. in Verlegenheit seyn, 3. nicht wissen.

αποχραομαι. ξυμβυλος αποχρων d. i. ἱκανος, ein Mann der zum Rathgeber taugt.

ατασθαλια, ή, der Frevel.

αττα ist attisch für ἁτινα.

ἀτεχνως ohne List, offenbar, 2. ohne Streit, ohne Zweifel.

ατοπον was nicht zur Sache gehöret, 2. ungereimt, 3. paradox.

ἀςρατηγητος einer der nie Feldherr war, 2. für αςρατηγητικος, der die Feldherrn Kunst nicht versteht. So ist Xenoph. Hellen. VI, 2. 27. μαλαςρατηγον νομιζομενον für ςρατηγητικον. Doch kann die erstere Bedeutung in unserer Stelle auch statt haben.

B.

βαρβαροι, οἱ, alle Ausländer, aber in Platons und Xenophons Schriften meistens, die *Perser*, die *Asiaten*.

βλασφημειν dem andern schädliche oder doch unangenehme Dinge sagen; der Gegensaz ist ἐυφημειν.

Δ.

διακεισθαι προς τινα, mit jemanden in einer gewissen Lage, Verbindung stehen, 2. sich gegen jemand so oder so betragen.

διατελεω, ich bringe zu Ende. διατελεω (τον βιον) πολιορκυμενος, wörtlich, ich bringe mein ganzes Leben damit hin, dass ich verfolgt werde; für, ich werde *stets* verfolgt; so διατελεω πραττων ich thue immer u. s. f.

δικη, ἡ, das Recht, 2. die gerichtliche Untersuchung, der Process, 3. das Urtheil. Daher δικην διδοναι das Urtheil bezahlen, d. i. die im Urtheil

Urtheil beſtimmte Summe bezahlen; und weil man in freiern Staaten keine andere Strafen hatte, überhaupt *Strafe leiden.*

δοξα, ἡ, der Schein. 2. Meinung; 3. gründloſe Meinung, Einbildung.

E.

εἰκῆ λέγειν, ποιειν. nach bloſsem Gutdünken, ohne Ueberlegung (ανευ λογȣ) ſprechen oder handeln; alſo *unbedachtſam; ohne Abſicht, ohne es ernſtlich zu meinen.*

ἑκατομβη, ἡ; ein Opfer von hundert Thieren; 2. ein groſſes Opfer.

ἐκδυναι δοξαν eine Meinung ablegen.

ἐμβροντητος, ὁ, der vom Wetter getroffen und ganz betäubt iſt; 2. dummlich.

επαυλις, ἡ, Stall, Hütte. επαυλιν ποιεισθαι für αυλιζειν unter freiem Himmel zubringen. Dieſe Bedeutung paſste hier ſehr gut, wenn die folgenden Verſe würklich aus Ilias VIII, 548. genommen ſind. Denn dmahls campirte Hector und die Trojaner auſſer Troja.

επι. επ᾽ αυτω εςι es ſteht in ſeiner Macht.

επος. ὡς επος ειπειν; wenn ich ſo ſagen ſoll und darf. Herodot. II, 53. ὡς ειπειν λογω.

εραςης, ὁ, der Liebhaber.

ἐσχατον nämlich κακον; das äuſſerſte, gröſte Unglück.

εὐμμελιης, ὁ, der einen ſchönen Speer aus Eſchen

(εκ μελιας) führet, 2. der Speerführer, αιχμητης, d. i. der Krieger.

ευφημειν etwas sagen was dem andern angenehm ist und so wie er es gerne höret, 2. etwas, das dem andern günstige Vorbedeutung seyn kann, 3. daher man beym Anfang der Opferhandlungen rief: ευφημειτε d. i sagt nichts schändliches, was diese Handlung entweihn, nichts trauriges, was uns Unglück bedeuten und diese Freude stören könnte. Denn jede Rede, welche entweder durch ihren Inhalt oder auch durch das Unerwartete, frappirte, hielt man für die Stimme der Gottheit, welche aus diesem Menschen spreche und die Zukunft andeute, für eine θειαν φημην, ομφην. 4. im platonischen Dialog ruft man öfters dem ευφημει zu, welcher uns neckt, oder sonst etwas sagt, das wir nicht hören mögen. Das Gegentheil ist βλασφημειν, δυσφημειν.

ευφημοτατον ονομα ein sanfter Nahme. S. ευφημειν.

εχειν, haben, 2. mit einem Adverbio und hinzugedachten εαυτον sich befinden, seyn. ευ εχειν εαυτον, sich wohl befinden.

K.

καθιςασθαι εισ ξυμφορας, in Unglück gerathen.

καιρος, ὁ, die für eine Unternehmung passende Zeit, 2. τυ καιρυ τυγχανειν die rechte Zeit treffen, 3. überhaupt, das rechte treffen.

κινδυνευω. κινδυνευει, es ist zu befürchten, daſs f. 2. es scheint, daſs f.

κινδυνος, ὁ. δια κινδυνων ερχεσθαι für εν κινδυνοις ειναι

in

in Gefahr seyn; so διὰ δεινῶν ἐλαύνεσθαι, περιίστασθαι διὰ κινδύνων.

κνίσσα, ἡ, der fette Dunst, welcher von dem angezündeten Opferfleisch aufsteigt.

κοινωνεῖν τινος, an einer Sache Theil haben, 2. τῆς ἀπορίας für ἀπορεῖν, auch etwas von der Unwissenheit besitzen.

Λ.

λανθάνει ἑαυτὸν εὐχόμενος er bittet, ohne es zu bemerken.

λόγος, ὁ, das Wort, jede Rede; daher ἑνὶ λόγῳ mit einem Worte; also auch der *Dialog* C. 4. S. 9. 2. die Quelle aller Rede, der Verstand, daher 3. ein vernünftiger Grund. πρὸς λόγον vernünftig.

Μ.

μακάριος glücklich 2. μακάριοι nämlich θεοί, die *Seligen* d. i. die Götter. ὦ μακάριε ist wie θαυμάσιε, δαιμόνιε, eine schmeichelnde Anrede.

μάργος toll; scheint hier für δεινόν, gross, schwer, zu stehen. So erklärte es Budaeus. S. Stephan. Thesaur. Ling. Gr. T. II. p. 729.

μέσος. διὰ μέσου εἶναι in der Mitte stehn, seyn, für ἐν μέσῳ εἶναι, μέσος εἶναι, wie διὰ σπουδῆς ἔχειν, für σπουδάζειν u. s. f.

μόρος, ὁ, der Theil, 2. das Geschick, was jedem die Parzen, αἱ Μοῖραι, zugetheilt haben.

ξυμβαινει, es trift zusammen, *es paßt.*

O.

όσος, η, ον. θαυμαςην ὁ σην προθυμιαν εχει, der Lateiner, *mirum quantum,* für θαυμαςτον εςι, ὁσην εχει προθυμιαν.

Π.

παθος, το, das Leiden, 2. die Empfindung, 3. der Zustand.

παιδικα, τα, jeder Gegenstand der vergnügt 2. der Geliebte, ὁ ερωμενος.

παλινῳδειν von neuem singen, 2. ein Lied wiederrufen, 3. überhaupt, etwas zurücknehmen.

παραγειν τι αντι τινος eins an des andern Stelle setzen; eines für das andere.

παρηκον τȣ χρονου, το; der gegenwärtige Augenblick.

παριςαναι. παριςαται μοι ἡ δοξα *stat, sedet animo,* ich habe es *fest* beschlossen, der Entschluß steht fest in der Seele. S. Hrn. Pr. Morus Animadv. in Longin. p. 29.

πασχειν leiden, 2. empfinden, 3. in einem Zustande seyn.

πλειον ειδεναι mehr, 2. besser wissen.

ποιειν

ποιειν machen, 2, ποιειν επη Verse machen. Daher Πινδαρος ποιει Pindar *dichtet*, erzählt in einem Gedichte, und der Dichter ποιει τινα d. i. erzählt von ihm, stellet ihn dar.

πολιορκεισθαι belagert, eingeschlossen, 2. vom Feinde verfolgt seyn, 3. überhaupt verfolgt werden.

πολιτευεσθαι, in einem Staate leben.

πραττειν αγαθον, wie ευ πραττειν, es gut machen, 2. glücklich seyn.

προσεχειν τον νεν, oder auch allein προσεχειν, aufmerksam *seyn*, advertere animum.

προστυχων und επιτυχων ανηρ, ein Mann der Art, wie sie einem alle Augenblicke begegnen, ein Mann von gewöhnlichen Schlage. Das Gegentheil ανηρ πεπαιδευμενος ein Mann der etwas gelernt hat.

προφητης, ὁ, der Priester bey Orakeln, der die Antwort der Gottheit giebt.

Σ.

σπυδαζειν eilen, 2. eifrigst streben.

Τ.

τελος, το. δια τελυς immerfort.

τελης, εσσα, εν, vollendet, ohne Mängel, ohne Fehl.

Φ.

Φερειν. Φερει εις ωφελειαν es bringt Nutzen.

X.

X.

χαιρειν sich freuen. χαιρων τι ποιειν, mit Vergnügen, ohne Schaden etwas thun. ου χαιρων ποιειν, mit *dem gröſsten* Schaden thun. S. Dorville ad Chariton. p. 592.

χαλκος, ὁ, Kupfer, 2. Arbeiten von diesem Metall, 3. ein Schwerdt.

χειμων, ὁ, der Winter, 2. Wintersturm.

χρασθαι τινι, etwas gebrauchen. χρασθαι οργη, ein umschreibender Ausdruck für, οργην εχειν; wie Φιλω χρασθαι für Φιλον εχειν u. a.

Ψ.

ψυχη, ἡ. αντι ψυχης für mein Leben p. 11. 2. für das was mir das Liebste ist. S. Valkenaer z. Theocrit. Adoniaz. p. 341.